南宁市快速环路交通综合整治探索

主　编　巫裕润　姜　彬
副主编　杨　涛　肖华杰

人民交通出版社股份有限公司
China Communications Press Co.,Ltd.

内 容 提 要

本书主要内容包括：南宁市快速路系统规划及现状、城市发展及交通需求分析、交通整治目标与思路、整治对策与措施、实施保障措施与建议、交通管理措施展望等，重点分析了南宁市快速环路现状存在的主要问题，结合南宁市城市发展趋势与交通需求特征，提出了南宁市快速环路整治各阶段的思路与对策措施，并对未来城市快速路交通管理措施进行了展望。

本书适于城市交通规划管理部门、道路交通规划设计单位以及高等院校等道路交通工程专业的广大读者参考。

图书在版编目（CIP）数据

南宁市快速环路交通综合整治探索 / 巫裕润，姜彬主编. —北京：人民交通出版社股份有限公司，2017.6
ISBN 978-7-114-14000-6

Ⅰ. ①南… Ⅱ. ①巫… ②姜… Ⅲ. ①城市交通—交通运输管理—研究—南宁 Ⅳ. ①U491

中国版本图书馆CIP数据核字（2017）第163820号

Nanning Shi Kuaisu Huanlu Jiaotong Zonghe Zhengzhi Tansuo
书　　名：南宁市快速环路交通综合整治探索
著 作 者：巫裕润　姜　彬
责任编辑：司昌静　张　淼
出版发行：人民交通出版社股份有限公司
地　　址：（100011）北京市朝阳区安定门外外馆斜街3号
网　　址：http://www.ccpress.com.cn
销售电话：（010）59757973
总 经 销：人民交通出版社股份有限公司发行部
经　　销：各地新华书店
印　　刷：北京盛通印刷股份有限公司
开　　本：787×1092　1/16
印　　张：9.5
字　　数：193千
版　　次：2017年6月　第1版
印　　次：2017年6月　第1次印刷
书　　号：ISBN 978-7-114-14000-6
定　　价：48.00元
（有印刷、装订质量问题的图书由本公司负责调换）

本书编写委员会

主　　编　巫裕润　姜　彬

副 主 编　杨　涛　肖华杰

参与撰写人员（排名不分先后）

庞赞龙　杨　涟　曾　健　蒋滕健

邹妮妮　郑保力　孔繁莉　彭文立

莫文震　万　千　鲍　春　高廷枢

赵桂香　黄海涛　何　婷　郑园春

杨　华　钟建超　何林儒　罗　降

甘洪潮　黄　瑶　王志远　兰取进

李思慧　曾　鹏　唐新国　李　静

李锡坚　陈常迪　郑天栋　黄义淇

卷首语

进入21世纪后，随着经济持续快速发展，南宁市城市规模不断扩大，城镇化水平不断提高，机动车保有量快速攀升，然而道路基础设施建设速度难以跟上城市交通快速发展的步伐，交通供需矛盾不断加剧，交通拥堵愈演愈烈，并且还有由中心城区向市区边缘、由点向面、由高峰向常态化拥堵发展的趋势，给市民的日常出行带来诸多不便。面临这样的严峻形势，南宁市快速路系统交通拥堵不断加剧，已到了不可调和的地步，综合整治行动刻不容缓。

南宁市快速环路自2002年初步建成以来，不断发展完善并于2007年形成了一条封闭的环路，期间承担了大量的过境、长距离、快速交通功能，发挥了重要的作用。但是由于早期规划不合理，缺乏沿线土地利用及开发的合理控制，快速路沿线建设了许多大型公共建筑，而周边路网配套建设严重滞后，导致区域路网结构不合理，快速环路承担了大量的集散、沿线服务等交通功能，制约了快速环路交通功能的发挥，快速环路已经变得“不快”。

为破解“快环不快”的交通困局，南宁市交警部门出台了高峰期限制货车通行等管理举措，而且也采取了一系列工程性措施。虽然这些工作取得了一定的成效，但是局部路段交通拥堵仍在加剧，迫切需要对快速环路全线开展综合整治规划研究。为了顺应这一形势需要，秉承着为政府分忧、帮百姓解难的目标，华蓝设计（集团）有限公司受南宁市城市建设投资发展有限责任公司委托，承担了《南宁市快环综合整治工程项目规划研究》课题的研究工作。

为了切实掌握详尽的一手资料，课题组在各有关部门领导的支持协助下，对南宁市快速环路及其周边区域进行了长时间、全面细致的实地考察、调研，内容涉及快速环路沿线土地利用、基础设施建设、交通运行、交通管理措施以及配套设施等。

在研究过程中，我们充分利用公司资源优势，开展部门合作，投入大量骨干力量，参考了大量国内外专家学者的著作和文献。课题研究成果是集体智慧的结晶，是长期探索积累的结果，在此对所有给予过帮助的人士表示衷心的感谢。

本书正是根据该课题研究成果整理完善而成，分为如下8个部分：

第1部分　导论

第2部分　南宁市快速路系统规划

第3部分　南宁市快速环路现状

第4部分　南宁市城市发展及交通需求分析

第5部分　交通整治目标与思路

第6部分　整治对策与措施

第7部分　实施保障措施与建议

第8部分　交通管理措施展望

由于我们水平有限，错误和疏漏在所难免，希望社会各界人士对本书提出宝贵的意见，以便对成果进行改进，以适应南宁市快速路交通不断出现的新需求和新情况。本书在编写的过程中也得到了南宁市相关政府部门、业主单位及同行单位的大力支持和帮助，再次表示诚挚的谢意。

本书编写委员会

2017年4月

CONTENTS 目录

1 导论 …… 001

1.1 引言 …… 001

1.2 主要城市快速路系统建设情况及发展趋势 …… 002

1.3 城市快速路的定义及作用 …… 006

2 南宁市快速路系统规划 …… 007

2.1 南宁市快速路交通功能演变历程 …… 007

2.2 南宁市快速路系统规划方案 …… 009

2.3 未来发展定位分析 …… 011

3 南宁市快速环路现状 …… 012

3.1 快速环路系统建设情况 …… 012

3.2 快速环路现状分析 …… 018

3.3 问题诊断 …… 037

4 南宁市城市发展及交通需求分析 …… 043

4.1 城市发展趋势分析 …… 043

4.2 居民出行特征分析 …… 046

4.3 交通出行分布 …… 048

4.4 交通流量分配 …… 050

4.5 交通发展趋势与特征小结 …… 057

5 交通整治目标与思路 …………………………………059

5.1 研究目标与愿景 …………………………………059

5.2 交通整治总体思路 …………………………………059

5.3 交通整治策略 …………………………………060

5.4 交通整治区段划分 …………………………………061

5.5 各段整治思路分析 …………………………………062

6 整治对策与措施 …………………………………076

6.1 交通综合整治原则 …………………………………076

6.2 区域路网完善 …………………………………076

6.3 分段交通整治设计 …………………………………097

6.4 衔接配套设施整治设计 …………………………………132

6.5 智能设施建设 …………………………………135

7 实施保障措施与建议 …………………………………137

7.1 资金保障 …………………………………137

7.2 组织保障 …………………………………137

7.3 人员保障 …………………………………138

7.4 管理保障 …………………………………138

8 交通管理措施展望 …………………………………139

参考文献 …………………………………142

1 导 论

1.1 引言

随着南宁市人民群众物质生活水平不断提高和出行机动化进程加快，城市道路建设已经滞后于周边区域发展，不能满足人们日常生活的需求。尤其是现有的快速环路交通安全事故与拥堵时常发生，严重影响快环的通行效率，“快环不快”成为交通困局。这与南宁市着力建设区域性国际综合交通枢纽中心，积极打造中国面向东盟开放合作的区域性国际城市和“一带一路”有机衔接的重要门户城市的定位相矛盾。

相关统计表明，南宁市私家车保有量呈爆发式增长，2002 年仅为 2.4 万多辆，而到了 2016 年，全市私家车保有量已经突破 80 万辆。由于快环通行的便捷性，加上区域路网结构的不合理，居民更多地选择快速路，这使沿线交通不堪重负。因此，基于当下南宁市城市道路现状，为破解“快环不快”的交通困局，提高交通系统的运行效率，提升南宁市城市形象和枢纽地位，对快速路综合整治规划研究势在必行。本书正是根据该规划研究成果整理完善而成，具有重要的实践指导作用。

本书研究基础年为 2016 年，近期至 2020 年，远期展望至 2030 年。研究范围以现状快环（由清川大道—秀厢大道—厢竹大道—竹溪大道—葫芦鼎大桥—白沙大桥—南站大道—沙井大道—清川大桥组成）为中心，两侧各延 1km。

本书在总结国内外主要城市快速路系统建设情况及发展趋势的基础上，吸取经验教训，明确快速路功能定位，结合南宁市快速环路面临的现状问题以及治理目标，提出快速环路近期、远期整治改善实施计划方案、交通管理措施展望，以期达到梳理区域路网体系、优化路段和节点设计、完善交通组织和智能管理、完善公交与慢行设施衔接，最后实现提升道路通行能力、提高交通运行效率、提升道路品质的目标。本书的研究思路见图 1-1。

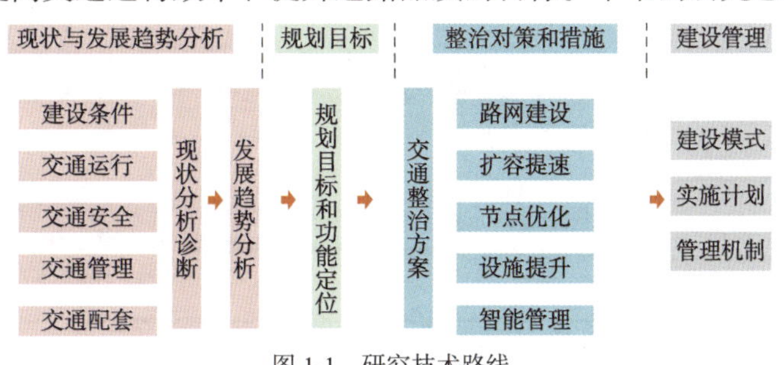

图 1-1 研究技术路线

1.2 主要城市快速路系统建设情况及发展趋势

目前，国内北京、上海、广州等大城市，快速路系统建设已基本趋于成熟，通过对快速路网的建设，将快速路、主干路、次干路和支路等在内的道路资源进行整合，初步形成合理的网络结构，对满足市民出行需求和商品物资的流动具有重大意义。而南京、济南等二线城市快速路系统建设相对滞后，正面临严重的交通拥堵和安全问题，未来拟规划建设相当规模的快速路网络。

1.2.1 北京市

北京市城市快速路网由二环、三环、四环、五环、六环以及城市放射线组成。尽管北京建成四条环线快速路和多条放射的高速公路，但在城区缺少南北、东西贯通的交通干线，没有形成综合的道路网络系统。为解决市中心的交通拥堵问题，2017 年北京市人民政府启动了缓解拥堵专项整治方案，以加快推进重点道路的升级改造工作。

总体来看，未来北京市交通形势依然严峻。在“十三五”时期，北京市将加速建设快速路，计划建设里程约 30km，基本实现快速路网络化，完善快速路网系统，见图 1-2。

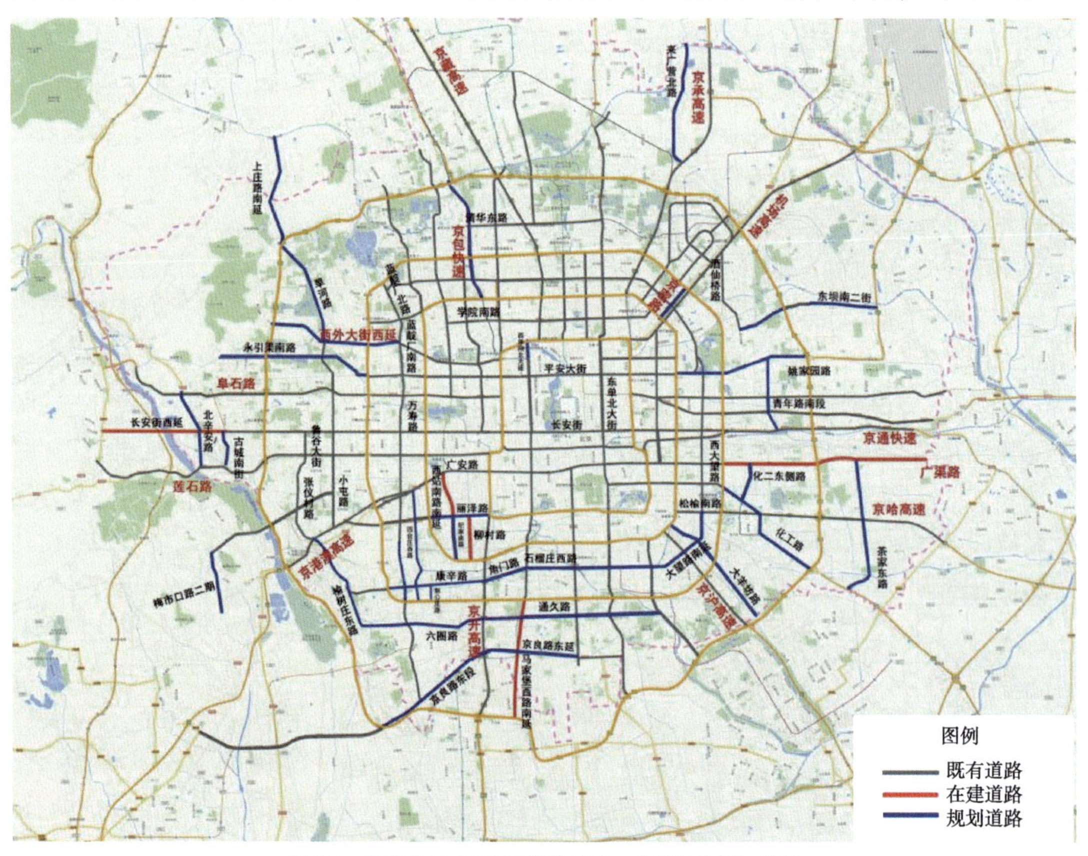

图 1-2 北京“十三五”时期快速路、主干路规划示意图

注：图片来源于《北京市“十三五”时期交通发展建设规划》。

1.2.2 上海市

上海市建成的内环高架、延安高架路、逸仙高架路、南北高架，以及沪闵高架等形成了“申”字形的高架道路系统，全长约 64.19km。“申”字形高架道路系统建成后，该系统的吸引量超过 60 万辆次，其出行量占市中心出行总量的 30%。2006 年以来，上海市又陆续建成了五洲大道、嘉闵高架路、华夏高架路等，进一步扩大了城市快速路的规模。至 2012 年年底，上海市建成并通车的快速路共有 15 条，以高架道路为主要形态，总长约 142.23km。至 2015 年，上海市“枢纽型、功能性、网络化”的综合交通体系架构已经基本形成，见图 1-3。

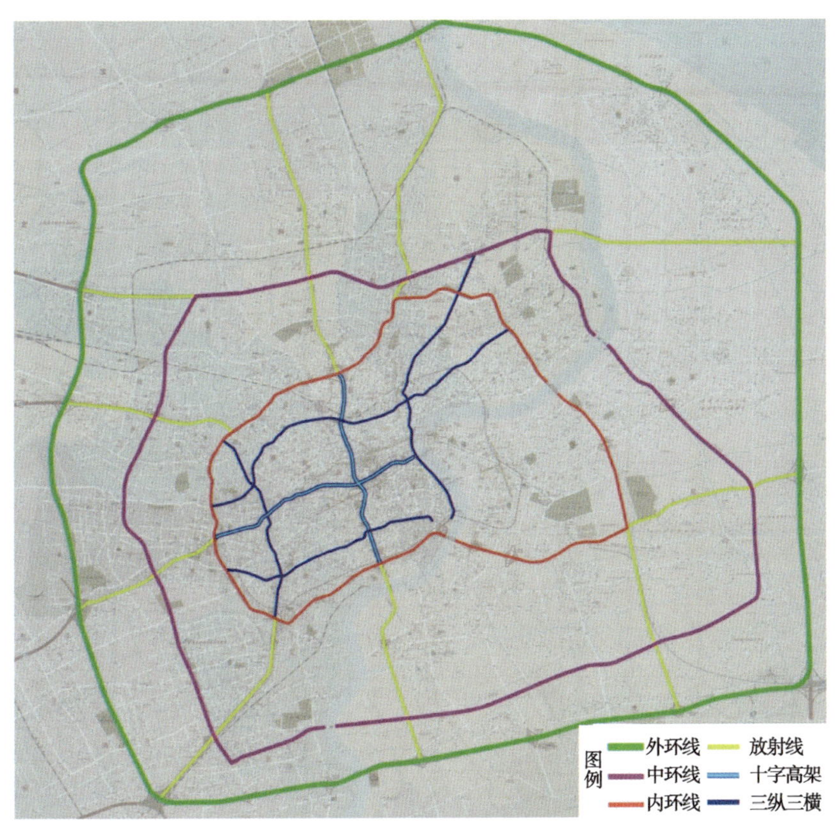

图 1-3　2012 年上海市中心城区快速路网示意图

注：图片来源于《上海市中心城高架及快速道路系统改善方案》。

“十三五”期间，上海市力求实现中心城快速路高峰时段的平均运行车速高于 40km/h 的目标，继续完善快速路网，实施总长约 60km。另外，浦东新区计划建成城乡一体的路网格局，其快速路网建成率有望超过 83%。在提升综合交通网络设施规模和功能的同时，也注重一体化交通枢纽的构建以及快速路匝道建设，以提升交通网络的总体功能。

1.2.3 广州市

位于珠江三角洲的广州市，其快速路主要以地面道路连续建设大中型立交为主。广州市内环路是其快速路网的重要组成部分，于2000年全线通车，沿线设有12座立交、11对交通匝道和3座过江大桥，由7条放射线道路与环城高速公路相连。号称广州最长城市快速干道的广园快速路，则与内环路、广园路、华南快速干线等主要干道相接，连接广州及东莞两市，是广州市“三年一中变”重点建设工程和东部地区重要城市主干道。其建成对加强城市东部交通走廊能力，解决长期困扰广州市沙河地区及东北部出入口的交通堵塞问题，强化广州市中心城市的作用有着十分重要的意义。

为完善道路网结构，强化中心城区与外围区域的快速联系，力求将中心城区道路拥堵指数控制在6.0以下。广州市计划对新化快速路北段、飞蛾山隧道等7个项目进行续建、改造，规划形成以中心城区为核心的“三环、十九射、七联络、九横、五纵”的城市高快速路，进一步强化各组团之间的联络功能以及外围城区的对外辐射功能，支撑多中心组团式的空间结构。

1.2.4 南京市

南京快速内环，是南京市主城核心地区四条快速路构成的一个快速路系统，整个系统呈“井”字形，因此也称之为“井字内环”。主要由城西干道（虎踞路）、城东干道（龙蟠路）、韩兰路（模范马路）、玄武大道及其他放射性道路等组成，全环长度为33.06km，其中高架段长18.19km（包括匝道和连接高架的地面道路）、隧道部分长14.87km。“井”字形快速内环真正实现闭合，是在2014年草场门隧道、龙江隧道正式建成通车的时候。

到2020年，南京市规划形成“井字三环、轴向放射、组团快联”的城市高快速路系统。“井字”由主城东西向和南北向的四条快速路组成，“三环”包括绕城公路环、绕越高速环和公路三环，并且绕城高速已建成通车。随着这一系统的建成，有利于南京市实现主城区与各个组团之间，以及组团内部的快速联系，提高城市快速交通的通达性。

1.2.5 济南市

至2016年，济南市快速路包括二环路、北园大街、顺河高架路等，均为高架建设形态，其中二环北路与济广高速重合，二环东路高架路、北园大街高架路、顺河高架路呈“卅”字形分布。在高峰时段，既有的高架快速路依旧存在拥堵问题，可见济南市的快速路网并非十分完善，城市快速路的作用也没有得到很好的发挥。

顺河高架作为济南中心城区的主要通道，其南延段道路也于2016年2月正式开工建设。顺河高架南延段为济南市的南北中轴线，建成后其南北城区的行车时间至少能缩短半小时。“十二五”期间，在市交通运输局公路部门的规划下，济南确立了“高快一体”的规划设想。随着2016年济青高速扩容项目全面开工，济南至泰安高速公路开工建设，济南的

“高快一体”网将越来越完善。预计到2020年，济南主城区内将形成“一环二横二纵”快速路网，主城区外则将形成“两环十射”的高速路网，内、外高速环线间形成20条连接通道，为济南“打造四个中心、建设现代泉城”战略目标的实现打下了坚实基础，见图1-4。

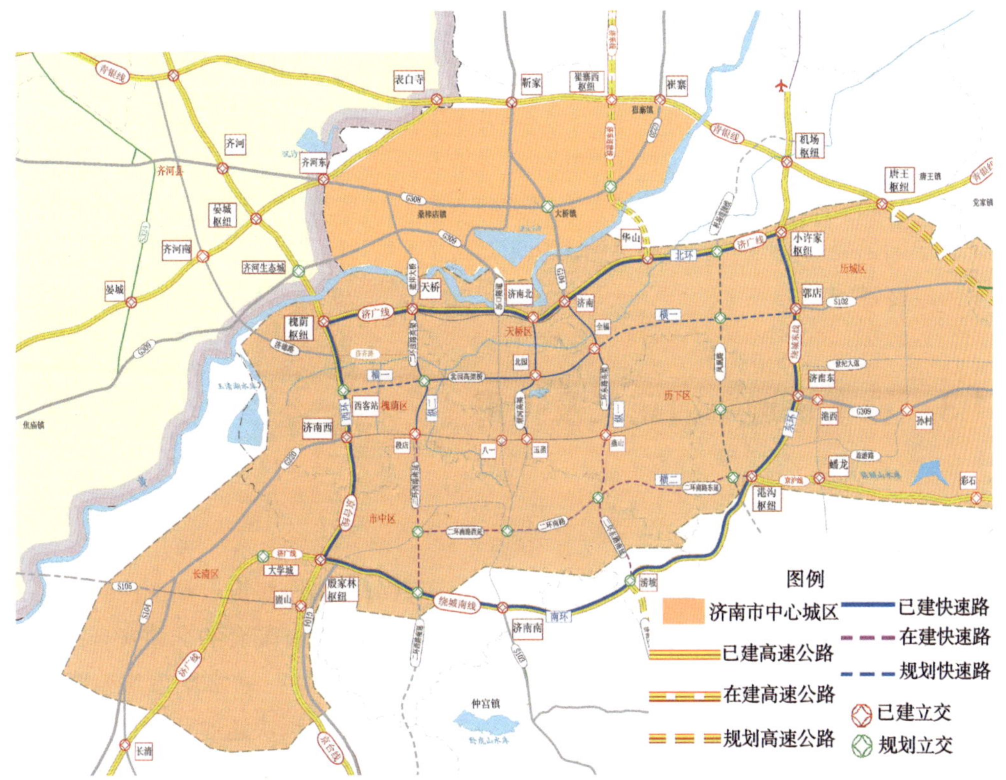

图1-4 2030年济南市快速路规划示意图

注：图片来源于《济南市“高快一体”公路网规划（2013—2030年）》。

对我国部分大城市快速路系统建设情况的分析可以看出：

①快速路在城市总路网中占较大比例；

②各大城市的快速路均出现不同程度的拥堵；

③城市快速路日益受到管理部门的重视。

北京、上海等城市快速路发展较早，对拥堵问题已有较好的解决方案，城市交通拥堵状况得到一定程度的缓解。南京、济南等城市快速路建设起步稍有落后，现有路网已无法满足交通需求，交通拥堵较为明显。此外，各城市的路网形态也不尽相同：北京市为典型的环形＋放射式，并且以地面快速路为主；上海主要呈“环”形＋“十字”形、广州呈不规则形态，上海、广州主要以高架道路形式居多；南京呈“井”字形和济南呈“卅”形的快速路网，多以地面与高架相结合为主。

国外城市快速路路网形式多选用类似于“环形＋放射”式的组合形式，一般采用高架式，进出口的匝道间距较大，主要满足主城与副中心之间的快速联系。巴黎是在中部修建环路的典型城市，著名的中环路（林荫环路）于1973年建成，属于全封闭式道路。该路全长 35.5km，利用立体交叉的形式跨越铁路线和地下铁道。林荫环路在设计修建时能较好地将道路与周边环境相协调，合理利用土地资源，并且联系了通往各地的放射性道路。林荫环路建成后分担了原有的林荫大道的交通量，缓解了市中心的交通拥堵现象，极大地改善了巴黎市内以及对外的交通状况。此外，在城区外围修建环路的还有荷兰港口城市鹿特丹，其环线全长 45km，并在市区外围形成“井”字形的高速道路网。

截至 2016 年 6 月底，我国机动车保有量约为 2.85 亿辆，其中汽车 1.84 亿辆。在机动车保有量逐步增加的今天，对已有路网重新进行评价及规划、对沿线设施进行整改已势在必行。另外，随着信息化的快速发展，有必要将智能技术运用于交通管理。这样才有助于解决日益增加的交通量与可利用的道路面积不足之间的矛盾，达到减少交通拥堵、提高出行效率的最终目的。

1.3　城市快速路的定义及作用

1.3.1　定义

所谓城市快速路是指在城市内修建的，中央分隔带分隔对向车流、全部控制出入、控制出入口间距及形式，具有单向双车道或以上的多车道，并设有配套的交通安全设施与管理设施的城市道路。为保证机动车具有快速、连续的交通条件，通常城市快速路是由主路、辅路和进出口匝道等组成，形成一个在城市内可供机动车辆快速通行的道路系统。所以城市快速路属于交通性道路，是城市长距离、快速交通的承担者。

1.3.2　在城市交通中的作用

快速路作为城市道路网中最高等级的道路，主要具有以下作用。

①有利于实现市内交通与市际交通的有序衔接，能够进一步扩大城市的辐射吸引能力，提高城市区位优势。

②有助于分离长短距离、快慢速度的交通流，提高交通运行效率，有效降低出行消耗的时间。

③疏导城市外围的过境交通，减小过境交通车流对市区交通干扰所造成的影响，避免市区内大量车辆穿越市中，实现了内外部交通的转换。

④联系各功能组团或分区，形成有力的支撑，并且能够推进城市空间结构布局的合理调整。

⑤有助于形成容量大又快速的交通走廊，基本能够满足城市内中长距离的机动车交通和对外交通的需求。

⑥能够实现城市内部各主要节点快速通达，并且有效加强城市的运转效率。

2 南宁市快速路系统规划

2.1 南宁市快速路交通功能演变历程

1995 年《南宁市城市总体规划（1995—2010）》第一次提出规划构建快速路，标志着南宁市快速路进入规划实施阶段；2000 年《南宁市综合交通规划（2001—2020）》提出了构建“一环”的快速环路体系，主要功能为承担并集散区域过境交通。

在两个规划的指导下，南宁市快速环路于 2002 年初步建成。2007 年随着葫芦鼎大桥建成通车，标志着快速路全环贯通。然而在这个建设阶段国家尚未出台专门的快速路设计规范和标准，快速路的设计主要以《城市道路工程设计规范》（CJJ 37—2012）、《城市道路交通规划设计规范》（GB 50220—95）等为依据。与 2009 年出台的《城市快速路设计规程》（CJJ 129—2009）相比，这两个设计规范没有对快速路侧分带出入口控制、间距、加减速车道、沿线单位出入口的设置提出具体设计要求（表 2-1）。因此，南宁市现状快速环路没有设置相应的出入口控制设施，无法通过控制手段保证出入交通流的连续性。

不同规范对于快速路的定义及出入口间距的控制 表 2-1

规范名称	定　义	出入口间距
城市快速路设计规程（CJJ 129—2009）	在城市内修建的，中央分隔、全部控制出入、控制出入口间距及形式，具有单向双车道或以上的多车道，并设有配套交通安全与管理设施的城市道路	按照设计速度，规定了不同的出入口最小间距，最小间距为 460m
城市道路工程设计规范（CJJ 37—2012）	快速路应为城市中大量、长距离、快速交通服务。快速路对向车行道之间应设中间分车带，其进出口应采用全控制或部分控制	快速路上两侧分隔带的断口间距应大于或等于 400m
城市道路交通规划设计规范（GB 50220—95）	规划人口在 200 万以上的大城市和长度超过 30km 的带形城市设置快速路。快速路应与其他干路构成系统，与城市对外公路有便捷的联系	—

同时，由于缺乏快速环路沿线土地利用及开发的合理控制，快速路沿线设置了许多大型公共建筑，其中北环两侧分布各类的专业市场，东环竹溪大道和厢竹大道沿线是大量行政办公和商业服务设施，而周边路网配套建设不完善，快环沿线大量单位设有出入口，导致快速环路承担了大量的集散功能和沿线服务交通功能。

南宁城市发展以旧城为中心向外扩展，交通高负荷区也逐步向外延伸，快速环路沿线用地开发控制的不足，早期设计标准难以满足现行快速路设计规程的需求，直接导致快速环路交通功能由承担过境、长距离、快速交通功能逐步转向了承担大量中短距离交通，具体分为以下三个阶段。

建成初期：承担并集散了区际间与外部和中心区之间的大部分交通，起到了屏蔽过境交通进入中心区的作用。

2007年，交通高负荷区主要集中在内环线内（桃源桥、桃源路、新民路、公园路、中华路、北大南路和北大桥为围合区域）的城市核心区，快速环路周边开发量不大，交通流量较小，快速环路承担的完全是长距离过境交通功能。

发展时期：承担并集散区域过境交通的同时，兼顾沿线区域交通功能，起到了屏蔽过境交通进入中心区功能的同时也带动沿线地区开发。

2011年，交通高负荷区逐步延伸至二环线内（五一桥、福建路、凌铁大桥、教育路、星湖路、园湖路、北湖路、明秀路和中新大桥为围合区域），快速环路逐渐变得“不快”，主要承担长距离过境交通功能，同时兼顾服务沿线区域交通功能，见图2-1。

图2-1　2011年南宁市中心城区交通流量分布

趋于饱和阶段：承担了大量中短距离交通，无法满足长距离交通需求，制约沿线地块交通进出。

2015年，南宁市交通高负荷区延伸至快环线内（以南站大道、白沙大道、竹溪大道、厢竹大道、秀厢大道、清川大道、清川大桥和沙井大道为围合区域）。快速环路承担了大量中短距离交通，只承担少量长距离过境交通，快速环路局部路段拥堵成常态，见图2-2。

目前，南宁市现状快环趋于饱和状态，沿线大部分地块已开发，交通流量持续增大，区域交通与过境交通相互叠加，拥堵路段持续扩大，导致快环陷入拥堵的交通困境，部分快速路的功能缺失。由于整个环路与周边道路未形成完善的路网，对部分路段和节点的交通负荷估计不足，造成目前环路与周边路网层次不清，衔接不畅，同时有些路口在高峰时期出现严重的拥堵情况，使整个环路出现了通而不畅的局面。

图 2-2 2015 年南宁市中心城区交通流量分布

2.2 南宁市快速路系统规划方案

南宁市出台的相关规划中，与快速路系统有关的规划主要有《南宁市城市总体规划（2011—2020）》《南宁市综合交通规划（2007—2020）》和《南宁市城市快速路系统规划（2009—2020）》。综合这三个规划来看，均规划至 2020 年，所提出的快速路系统布局基本一致，仅《南宁市城市快速路系统规划（2009—2020）》对 2030 年的方案有所展望。所以本书以《南宁市城市快速路系统规划（2009—2020）》作为参考。

（1）2020 年方案

《南宁市城市快速路系统规划》（2009—2020）提出了“四横、四纵、一连接”的“格网式”快速路系统布局（图 2-3）。具体如下。

“四横”：①相思湖北路—秀厢大道—昆仑大道；②中华路西延长线—中华路—园湖北路—建政东路及延长线；③南站大道西延长线—南站大道—白沙大道—凤岭南路—民族大道东延长线；④原南高环及延长线。

“四纵”：①清川大道—沙井大道及南延长线；②北大路北延长线—北大路—永和路—永和大桥—南建路—友谊路—壮锦大道—机场高速；③厢竹大道—竹溪大道—青山路—平乐大道；④现状东高环。

“一连接”：友谊—现状南高环连接线。

（2）2030 年方案

远景年（2030 年）快速路系统形成“六横、六纵、一连接”的城市快速路网结构（图 2-4）。

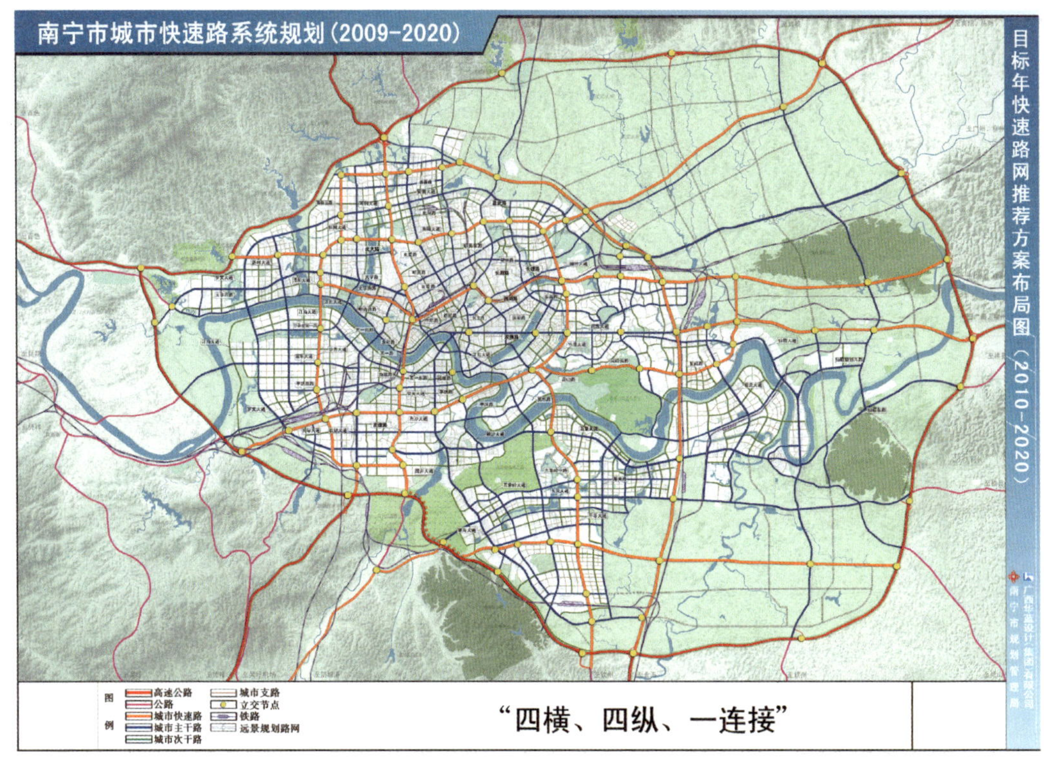

图 2-3　2020 年快速路路网规划推荐方案

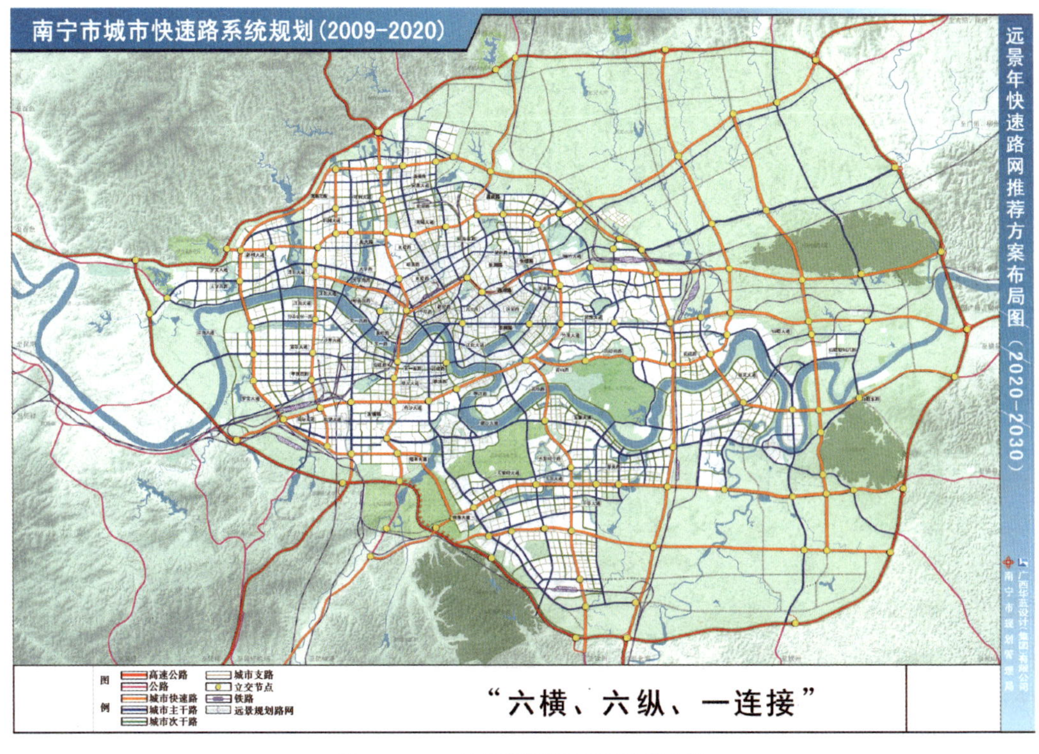

图 2-4　2030 年快速路路网规划推荐方案

“六横”：①连福路及西延长线；②相思湖北路—秀厢大道—昆仑大道；③中华路西延长线—中华路—园湖北路—建政东路及延长线—凤岭北路及延长线；④南站大道西延长线—南站大道—白沙大道凤岭南路—民族大道东延长线—长福路及北延长线—荣茉大道—仙葫东路；⑤玉洞大道及西延长线；⑥现状南高环及延长线。

“六纵”：①罗文大道及南延长线；②清川大道—沙井大道及南延长线—五象大道西延长线—壮锦大道；③北大路北延长线—北大路—永和路—永和大桥—南建路—友谊路及延长线；④邕武路及北延长线—厢竹大道—竹溪大道—青山路—南宁大桥—平乐大道；⑤现状东高环；⑥昆仑大道—南高环联络线。

2.3 未来发展定位分析

根据《南宁市城市总体规划（2011—2020）》《南宁市综合交通规划（2007—2020）》和《南宁市快速路系统规划（2009—2020）》，现状快环未来仍保持快速路的功能定位，随着东西快速路、南北快速路建成后，近期逐步形成“申”字形快速路系统。远期将形成“六横六纵一连接”的快速路系统布局。

从现状快环区位看，总体位于旧城中心的外围，但随着琅东、凤岭中心逐步形成，东环逐步承担区域交通的功能。延续上位规划指导，现状快环作为快速路系统“四横四纵”的重要组成部分，总体定位为城市快速路，以满足长距离快速交通功能为主，东环秀厢大道—竹溪大道承担城市快速路功能的同时，兼顾交通性干道的功能。

3 南宁市快速环路现状

3.1 快速环路系统建设情况

南宁市快速路系统由一个封闭的环路组成，位于南宁市中心城区，由秀厢大道、厢竹大道、竹溪大道、白沙大道、南站大道、沙井大道及清川大道围合而成，是中心圈层与外围圈层分界线，也是各大组团的边界线，主要承担区域过境交通，兼顾沿线地块交通，是连接主要组团的快速通道，见图 3-1。

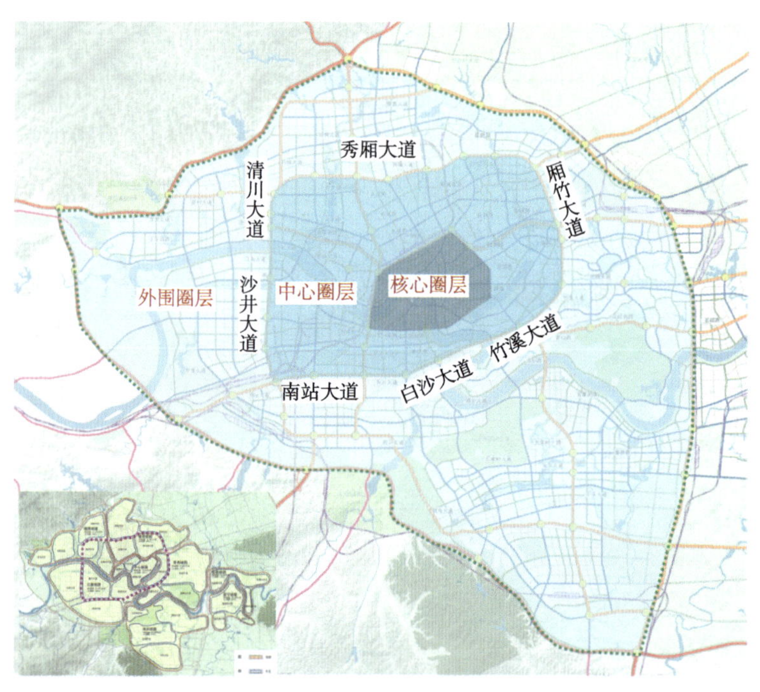

图 3-1 南宁市中心城区圈层分布示意图

3.1.1 沿线土地利用

快环沿线除西环沙井大道、东环北段厢竹大道沿线尚未完全开发外，其余地块基本开发。周边土地利用以居住、汽车商业为主。

随着近几年开发建设，开发强度逐步提高。尤其是东环竹溪大道和厢竹大道沿线，聚集了大量居住区、行政办公和商业服务用地，见图 3-2。

图 3-2　南宁市现状快环沿线土地开发情况

3.1.2　横断面情况

全线道路路幅宽 60m，四幅路，道路红线外两侧各布置 0~10m 的绿化带。道路主线设计车速为 80km/h，辅道设计车速为 40km/h，参见图 3-3。

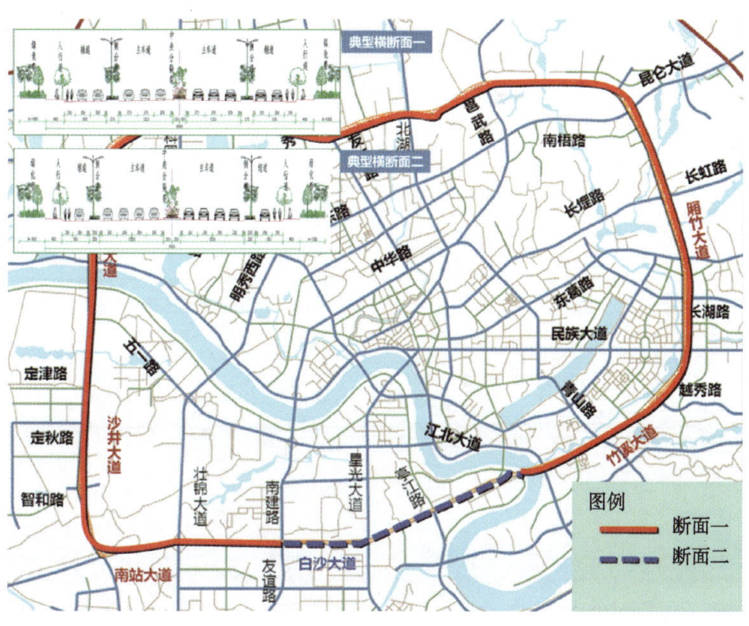

图 3-3　南宁市快速路断面形式分布图

3.1.3 节点建设情况

根据现状路网布局，快环与现状路网共形成 82 个节点，其中在建或改造中的节点 4 个。根据规划路网布局，远期将新建节点 12 个、取消节点 6 个，最终形成 88 个路网节点，见表 3-1 和图 3-4。

南宁市快速路节点数量现状与规划对比　　表 3-1

相交道路等级	现状路网节点个数（个）	规划路网节点个数（个）
快速路	—	8
主干路	12	26
次干路	44	25
支路	15	37
合计	82	88

图 3-4　南宁市快环节点分布

快环与现状路网形成的 82 个节点中，与主干路、次干路共形成 44 个节点，其中立交 24 个（4 个在建）、平面信号控制交叉口 3 个、右进右出交叉口 17 个；其余 38 个与支路相交交叉口均为右进右出交叉口，具体见表 3-2 和图 3-5。

南宁市快速路现状节点间距

表 3-2

道路名称	道路全长（km）	交叉口数量（个）	立交个数（个）	平面信号控制交叉口（个）	右进右出交叉口（个）	交叉口平均间距（m）
秀厢大道	13.21	26	5	—	21	489.26
厢竹大道	5.23	12	5	—	7	435.83
竹溪大道	5.47	12	4	—	8	455.83
白沙大道	7.22	15	5	—	10	481.33
南站大道	1.66	3	1	—	2	553.33
沙井大道	5.05	10	2	2	6	505
清川大道	2.31	4	2	1	1	577.5
总计	40.15	82	24	3	55	489.63

图 3-5 南宁市现状快环节点交通组织形式

3.1.4 侧分带出入口

快速环路全段共设侧分带出入口 148 个，最小间距 100m。

白沙大道南国花园路段、竹溪大道、厢竹大道、秀厢大道东段、沙井大道华南城路段侧分带出入口分布密集，主要与沿线用地开发有关，其中大型居住区、商业集中区开发强度大的区域侧分带出入口也较多，见图 3-6。

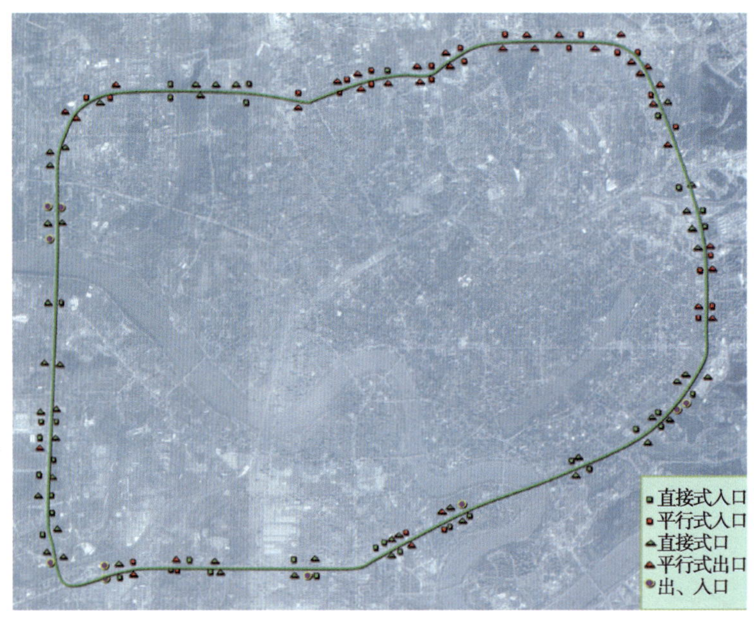

图 3-6　南宁市现状快环侧分带出入口布局

进出口形式主要分为直接式、平行式及进出口方式不明确的出入口（图 3-7）。现状快速路各个区段进出口明细见表 3-3。

南宁市快速路各区段出入口明细　　表 3-3

道路名称	道路全长（km）	车道出入口（个）	平均间距（m）	最小间距（m）	密度（个 /km）	单位出入口（个）
秀厢大道	13.21	50	528	130	2	166
厢竹大道	5.23	22	475	160	3	41
竹溪大道	5.47	16	684	130	2	64
白沙大道	7.22	27	535	100	2	105
南站大道	1.66	6	553	180	2	28
沙井大道	5.05	20	505	130	2	40
清川大道	2.31	7	660	200	2	20
总计	40.15	148				464

a) 直接式

b) 平行式

c) 不明确式

图 3-7 南宁市现状快环侧分带出入口形式

3.1.5 沿线单位出入口

1）沿线单位出入口设置形式

快环沿线单位出入口均以平面交叉的形式与辅道相接。

局部路段沿线单位出入口设置不合理，部分路段辅路与支路交叉口影响范围内设有单位出入口，交叉口范围交通混乱影响辅道直行车辆。部分路段单位出入口正对快环的进口，不仅与快车道的车辆互相干扰，而且与辅道直行车辆冲突，容易造成交通拥堵甚至安全事故，见图 3-8。

图 3-8 现状快速路出入口与单位进出口设置

2）沿线单位出入口设置不合理

经排查，沿线存在问题的单位出入口共计 34 个，友爱立交至邕宾立交段问题尤为突出，问题主要集中在沿线单位出入口距离侧分带出入口过近、沿线单位出入口位于辅道与支路交叉口范围内，见图 3-9。

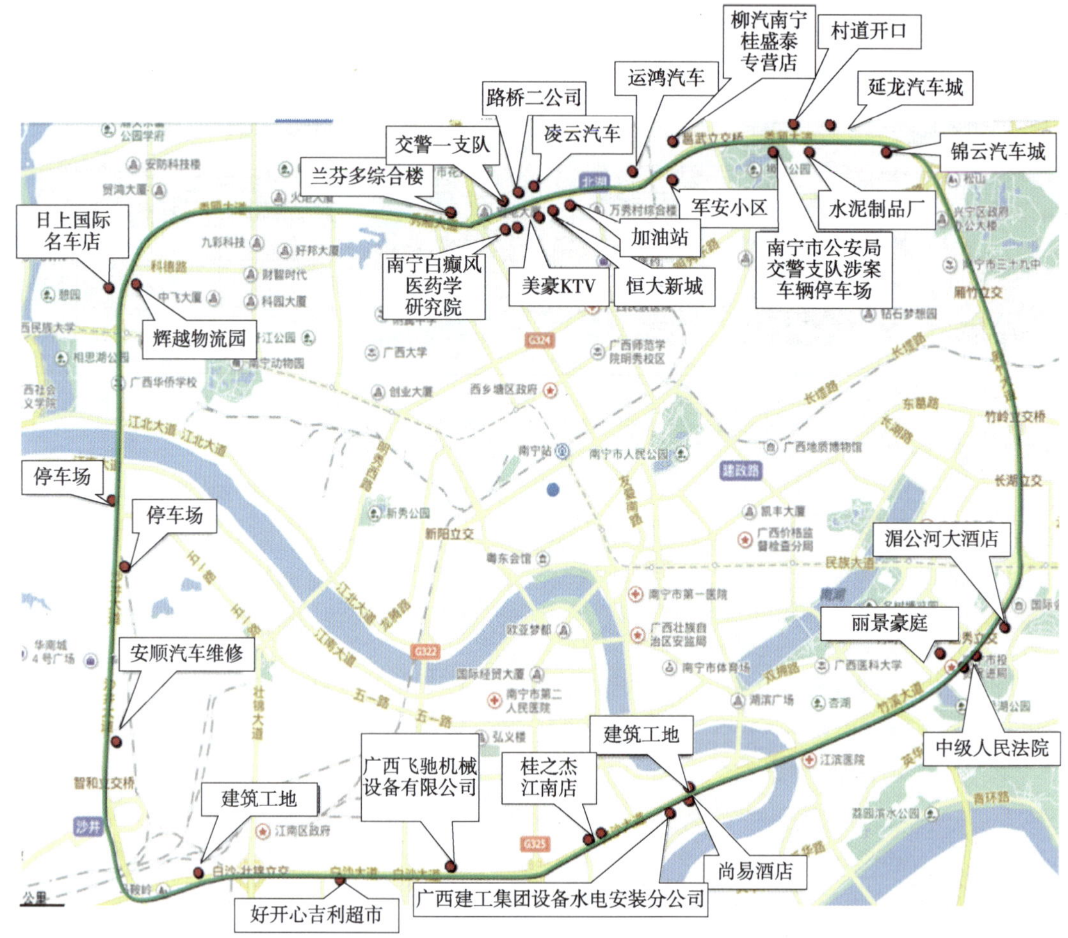

图 3-9　南宁市现状快环沿线单位设置的不合理出入口布局

3.2　快速环路现状分析

3.2.1　现状交通运行情况

1）交通流时空分布

（1）交通流时间分布

快速环路平均流量随着时间变化呈现两个驼峰，早高峰出现在 8:00~9:00，晚高峰出现在 18:00~19:00。早高峰并不明显，晚高峰相比早高峰流量增加了约 30%，晚高峰流量占全天流量的 9% 左右，见图 3-10。

（2）快环交通流空间分布

现状快环路网流量总体分布不均衡，在空间上呈现“东北环大西南环小”的趋势。

根据现状调查统计，东环与北环的流量较大，其中厢竹大道与竹溪大道晚高峰断面双向流量均超 10000pcu/h，其中厢竹大道植物园段晚高峰流量最大，双向流量达到 123510pcu/h，而西南环沙井大道、白沙大道段不足 6000pcu/h，可参见图 3-11 和图 3-12。

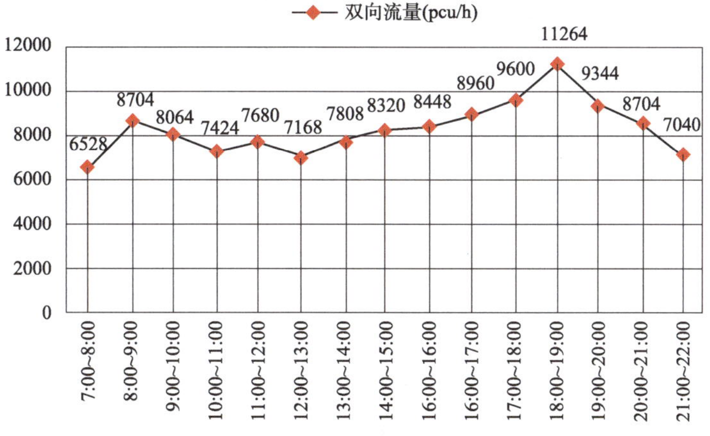

图 3-10　快环流量时间分布（厢竹大道段）

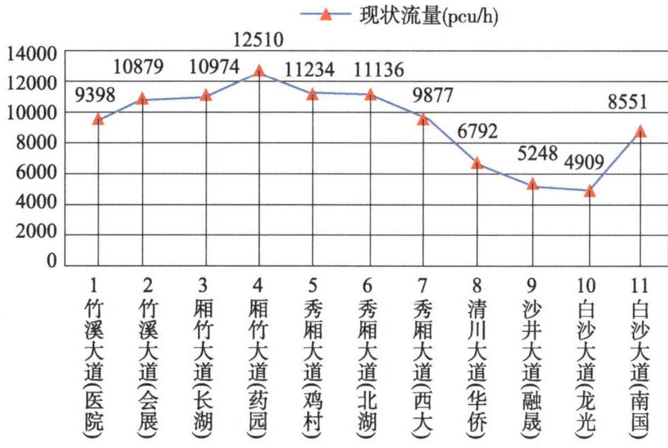

图 3-11　快速路高峰小时流量分布

图 3-12　快速路高峰小时流量分布

2）现状快环交通流组成

经调查分析，现状快环交通流构成以小汽车为主，占总流量的92.95%；其次为非机动车，占总流量的3.75%；大车比例为3%左右，见图3-13。

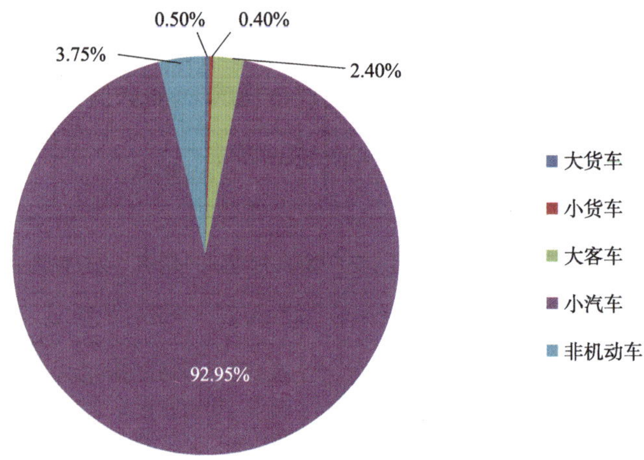

图3-13　厢竹大道路段交通流比例（云景路出口处）

从南宁市交通构成特点来看，非机动车比例相对较大，从现状调查发现，早晚高峰期快速环路上电动车流量大。对于快环菱形立交地面层而言，通过现状调查数据分析，快环方向直行非机动车占该向总流量的比例最大，为82%，左转、右转所占比例分别为23%、27%；干道方向直、左、右所占比例相差不大，分别为29%、27%、24%。

对于快环路段而言，非机动车占路段总流量比例为25.5%，其中上行方向（西至东、南至北）为27%，下行方向为24%，见图3-14。

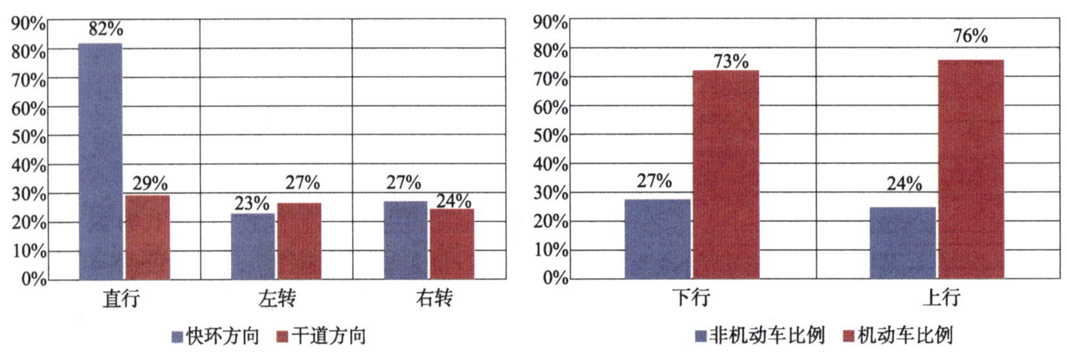

图3-14　快环菱形立交地面层非机动车比例（当量比例）及快环路段交通构成（西至东、南至北为上行）

3）现状快环路段交通运行情况

根据现状调查统计，现状快环的东环与北环高峰时段交通压力较大，服务水平较低，其中竹溪大道和秀厢大道达到D级，厢竹大道达到E级，饱和度已接近1.0，晚高峰交通拥堵成常态，而沙井大道、白沙大道以及清川大道均处于畅通状态，见图3-15、图3-16、和表3-4。

图 3-15　现状快环周边路网服务水平

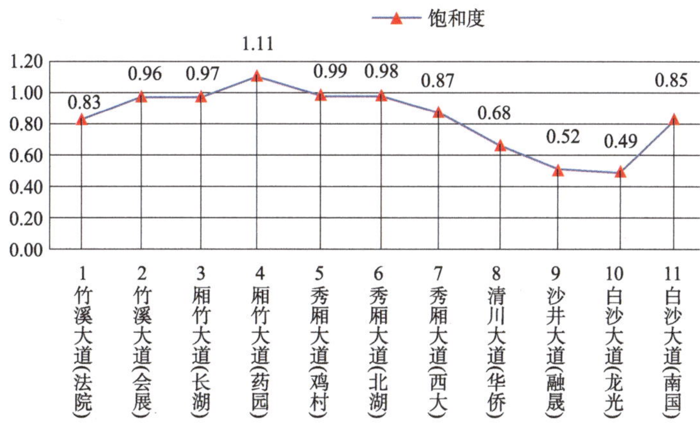

图 3-16　现状快环各个区段饱和度

南宁市快速路各区段服务水平　　表 3-4

检测位置	上行	下行	现状流量（pcu/h）	通行能力（pcu/h）	饱和度	服务水平等级
1 竹溪大道（法院）	4707	4691	9398	12800	0.73	C
2 竹溪大道（会展）	6001	4878	10879	12800	0.85	D
3 厢竹大道（长湖）	5472	5502	10974	12800	0.86	D
4 厢竹大道（药园）	6179	6331	12510	12800	0.98	E
5 秀厢大道（鸡村）	6090	5144	11234	12800	0.88	D

续上表

检测位置	上行	下行	现状流量（pcu/h）	通行能力（pcu/h）	饱和度	服务水平等级
6 秀厢大道（北湖）	5929	5207	11136	12800	0.87	D
7 秀厢大道（西大）	4965	4912	9877	12800	0.77	D
8 清川大道（华侨）	3278	3514	6792	12800	0.53	B
9 沙井大道（融晟）	2610	2638	5248	12800	0.41	B
10 白沙大道（龙光）	2404	2505	4909	12800	0.38	B
11 白沙大道（南国）	3877	4674	8551	12800	0.67	C

4）主要拥堵路段分析

（1）北环（秀厢大道）拥堵分析

①主要由于大部分交通节点均为主线上跨＋地面信号的立交形式，地面层平面交叉口交通流量非常大，通行能力不足，导致车辆行驶延误见图 3-17 和表 3-5。

图 3-17　晚高峰秀厢大道拥堵情况

晚高峰秀厢大道主辅路服务水平　　表 3-5

出入口名称	方　向	流量（pcu/h）
秀厢大道（友爱立交—秀灵立交东至西）入口	主道直行	3594
	主道出辅道	456
	辅道直行	381
	辅道入主道	722

②侧分带出入口不合理导致车辆行驶不规范，如（友爱立交—秀灵立交东至西）入口也有很多车辆从此处驶出（图 3-18）。车辆通过上一出口驶出需要通过友爱立交地面层，受友爱立交平面信号控制的影响，车辆等候时间较长，所以很多车辆为了避免停车排队，

选择通过该入口驶出。

图 3-18　友爱立交违规行驶冲突示意图

（2）东环（厢竹大道—竹溪大道）

①主要由于该路段沿线单位开口及相交支路较多，且进出快环的车辆较多，沿线出入口的拥堵倒灌影响了主路的通行效率，使得快速路的快速通过功能减弱，可参见图 3-19 和表 3-6。

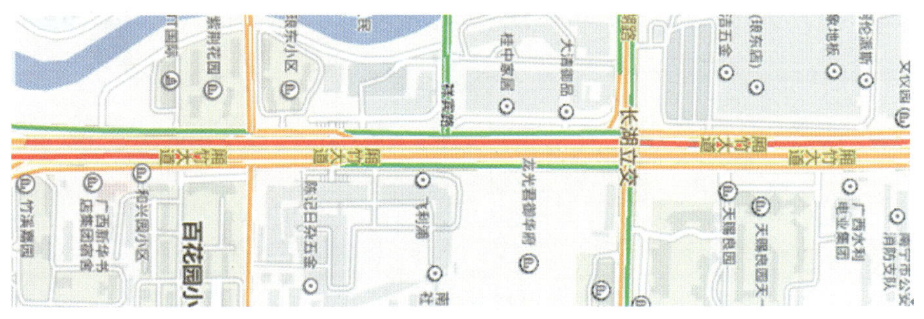

图 3-19　晚高峰厢竹大道拥堵情况

晚高峰厢竹大道主辅路服务水平一览表　　表 3-6

路段名称	方向	道路功能	流量 (pcu/h)	通行能力（pcu/h）	饱和度	服务水平等级
厢竹大道	南—北	主道	4687	4600	1.02	F
		辅道	1354	1505	0.90	E
	北—南	主道	4908	4600	1.07	F
		辅道	1561	1505	1.04	F
云景路	西—东	—	1355	1505	0.90	E

②主路车辆存在交织，如秀厢大道云景路口：竹溪立交由南向北直行和由东向北右转合流点距离云景路出口约为 300m，在 300m 距离内要完成合流和分流，使得主路通行速度和通行能力骤减。

5）现状快环节点交通运行情况

（1）高峰时段主要节点流量分布

与快环路段流量空间分布相似，快环节点流量也呈现“东北环节点大西南环节点小”的特点。

快环菱形立交地面层流量最大的为邕武立交节点，其流量达到 8516pcu/h；友爱立交由于地铁二号线施工的影响，地面层流量较小。

快环节点晚高峰流量分布情况及转向比例可参见图 3-20~ 图 3-22。

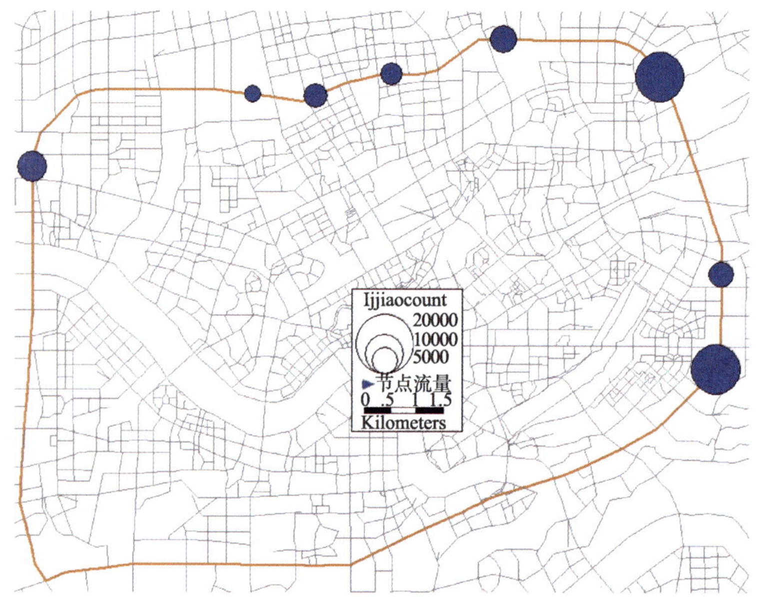

图 3-20　晚高峰快环节点流量分布

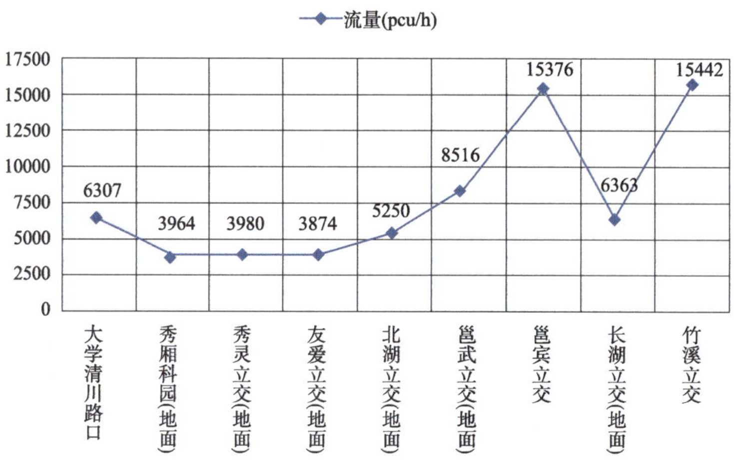

图 3-21　晚高峰快环节点流量明细

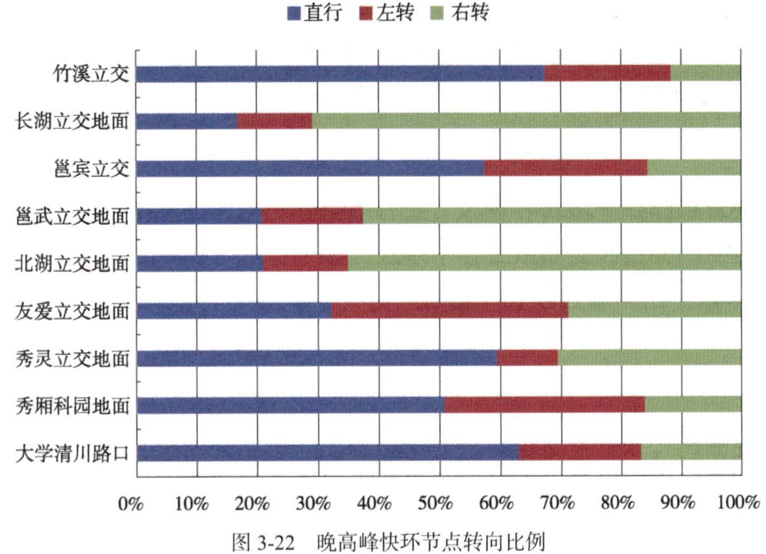

图 3-22　晚高峰快环节点转向比例

（2）高峰时段主要节点拥堵频发

快环现状主要节点 34 个，其中南环交通运行总体较为良好，北环和东环主要节点交通运行缓慢。北环主要由于大部分交通节点为菱形立交，地面层平面交叉口交通流量非常大，通行能力不足，导致车辆延误大。再加上局部节点受施工围挡影响，交通拥堵进一步加剧。

根据现状调查，现状拥堵点有大学清川路口、科园立交桥底、秀灵立交桥底、友爱立交桥底、鲁班路口等共 10 处，交叉口饱和度较高，服务水平均在 E 级以上，部分交叉口服务水平达到 F 级。尤其是高峰时段拥堵频发，构成制约路网整体通行效率的瓶颈，参见图 3-23 及表 3-7。

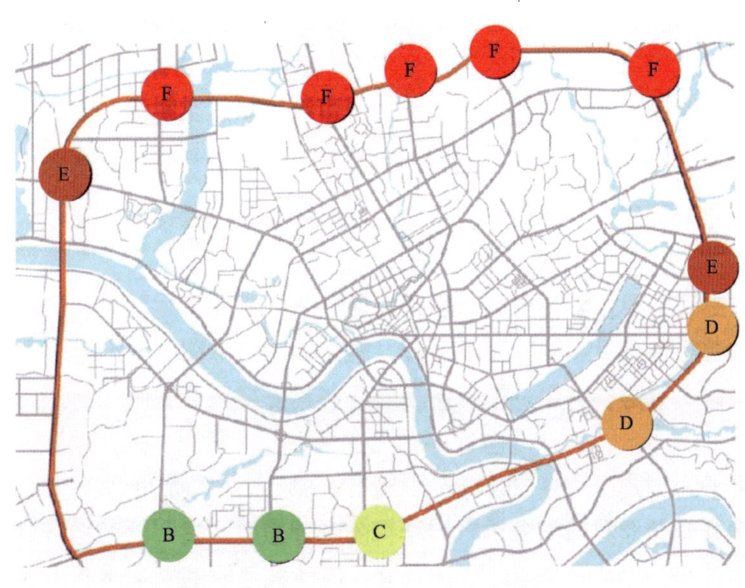

图 3-23　晚高峰快环节点服务水平分布

晚高峰快环节点服务水平 表 3-7

序号	节点名称	交叉口延误(s)/饱和度	服务水平等级
1	大学清川路口	62.56	E
2	科园立交地面层	111.3	F
3	秀灵立交地面层	91.9	F
4	友爱立交地面层	100.9	F
5	北湖立交地面层	91.6	F
6	邕武立交地面层	81.2	F
7	长湖立交地面层	61.91	E

6）现状快环剩余承载力分析

（1）路段剩余承载力分布

现状快环路网剩余承载力总体分布不均衡，在空间上呈现“东北环小西南环大”的趋势，见图 3-24。

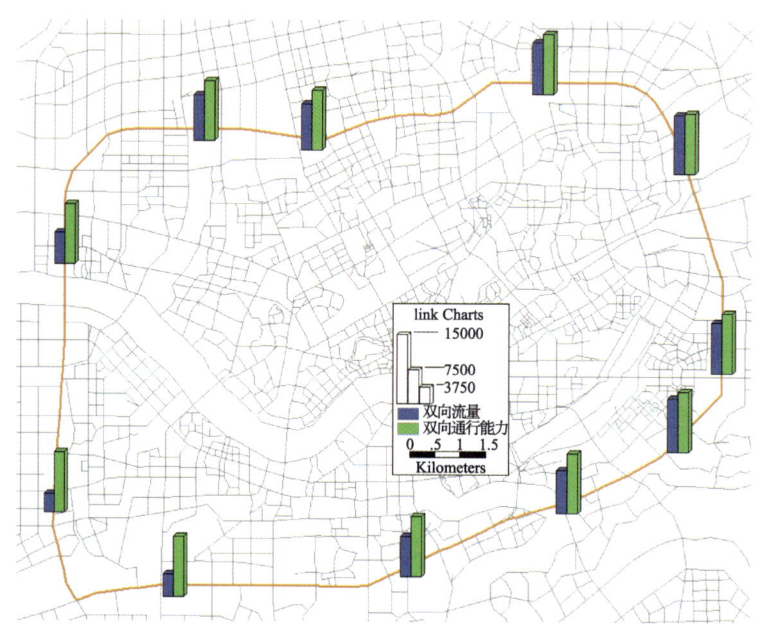

图 3-24 晚高峰快环路段剩余承载力分布

根据现状调查统计，东环与北环的流量较大，其剩余道路承载力小，东环的厢竹大道与竹溪大道晚高峰断面双向剩余承载力不足 1500pcu/h，尤其是厢竹大道药用植物园段，该段剩余承载力几乎为 0，而西南环沙井大道、白沙大道段的剩余承载力较为富余，见图 3-25。

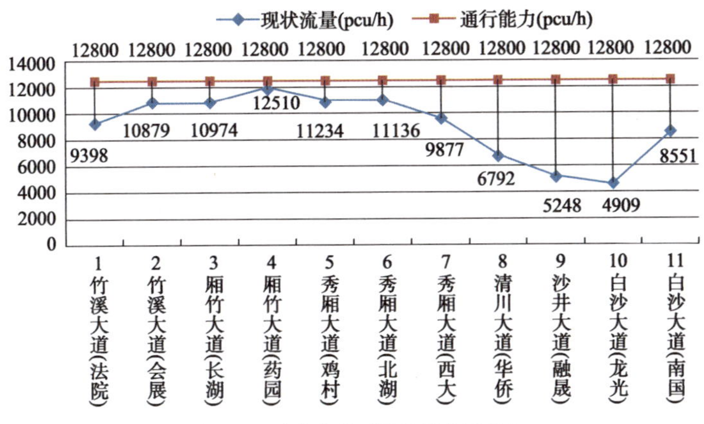

图 3-25 晚高峰快环路段剩余承载力

从当前快环剩余承载力分析得出，其大小与路段流量成负相关关系，流量大则剩余承载力小，流量小则剩余承载力大。

（2）节点剩余承载力分布

现状快环节点剩余承载力总体分布不均衡，在空间上呈现“东北环小西南环大”的趋势（图 3-26）。

图 3-26 晚高峰快环节点剩余承载力分布

根据现状调查统计，东环与北环的转向流量较大，其节点剩余承载力小，尤其是邕武立交、长湖立交地面层的剩余承载力几乎为 0，而西南环沙井大道、白沙大道段的剩余承载力较为富余。

快环节点剩余承载力大小与路段流量成负相关关系，流量大则剩余承载力小，流量小则剩余承载力大，见图 3-27。

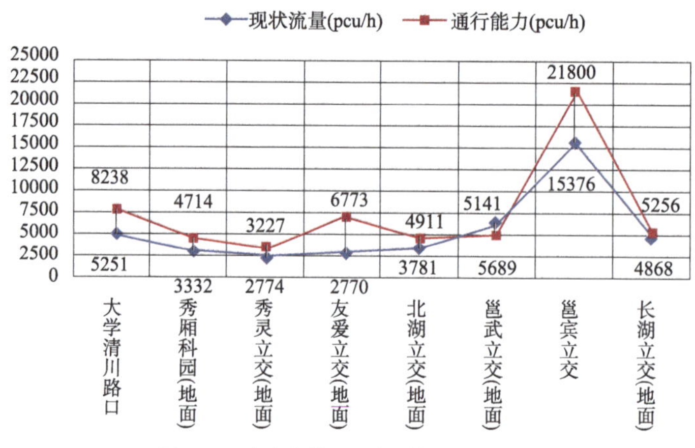

图 3-27　晚高峰快环节点剩余承载力明细

3.2.2　现状交通安全情况

通过收集 2013 年、2014 年南宁市快速环路的道路交通事故数据，综合考虑各类事故多发点鉴别方法的优缺点，选取事故频数法作为本书中快速环路事故多发点的鉴别方法。

按照《全面排查交通事故多发点段工作方案》确定事故多发点的判别阈值：在一年之中发生 3 次重大以上交通事故的 500m 范围内的地点为交通事故多发点，在一年之中发生 3 次重大以上交通事故的 2000m 范围内的路段或道路桥、涵洞的全程区段为交通事故多发段。

利用事故频数法对现状快环 2013—2014 年两年年均道路事故数量进行多发点鉴别，同时结合事故多发点调研资料，综合分析得到当前快环事故多发点分布情况。事故主要集中于立交桥、主车道和辅道之间的进出口、平面交叉口，电动车与小汽车、货车相撞发生事故的比例大，尤其是大货车右转引发交通事故较多，可参见表 3-8 和图 3-28。

南宁市快速环路交通事故多发点分布情况　　表 3-8

编号	事故多发点具体位置	一般交通事故数量（件）	编号	事故多发点具体位置	一般交通事故数量（件）
1	邕武立交	4	6	邕宾立交—厢竹立交段	5
2	沙井大道(下津路至智和路)	4	7	青竹立交	4
3	清川大桥桥南	4	8	友爱立交	3
4	白沙大道白沙菠萝岭路口	3	9	秀厢秀安路口	3
5	竹岭立交	4	10	五一沙井路口	3

从事故的成因分析看，主要包括转弯机动车未让直行车辆和行人、行人横过道路未走人行横道或过街设施、非机动车逆向行驶、安全距离不够、大货车存在视线盲区、电动自行车抢道等，参见表 3-9。

图 3-28　南宁市快速环路交通事故多发点分布示意图

交通事故多发点（黑点）成因列表　　表 3-9

编号	事故多发点具体位置	事故成因分析	编号	事故多发点具体位置	事故成因分析
1	邕武立交	行人横过道路未走人行横道或过街设施；非机动车不按照交通信号规定通行；驾车时有其他妨碍安全行车的行为；大型货车及泥头车转弯时存在视线盲区，与电动车相撞	4	白沙大道白沙菠萝岭路口	驾驶机件不符合技术标准的机动车；驾驶安全设施不全的机动车；非机动车通过路口或转弯不让直行的车辆、行人优先通行
2	沙井大道（下津路至智和路）	转弯的机动车未让直行的车辆、行人先行；在同车道行驶中，不按规定与前车保持必要的安全距离；非机动车未在非机动车道内行驶或逆向行驶；行人横过道路未走人行横道或过街设施	5	竹岭立交	转弯的机动车未让直行的车辆、行人先行；无证驾驶，与路边绿化带边沿石相撞
3	清川大桥桥南	非机动车逆向行驶；行人实施其他妨碍交通安全的行为；驾驶机件不符合技术标准的机动车	6	邕宾立交—厢竹立交段	醉驾；行人横过道路未走人行横道或过街设施；转弯的机动车未让直行的车辆、行人先行；非机动车未在非机动车道内行驶；大型货车及泥头车转弯时存在视线盲区，与电动车相撞

续上表

编号	事故多发点具体位置	事故成因分析	编号	事故多发点具体位置	事故成因分析
7	青竹立交	在同车道行驶中，不按规定与前车保持必要的安全距离；电动自行车与越野车相撞；机动车不按照路面指示的方向行驶	9	秀厢秀安路口	非机动车未在非机动车道内行驶；大型货车及泥头车转弯时存在视线盲区，与电动自行车相撞
8	友爱立交	转弯的机动车未让直行的车辆、行人先行；非机动车抢道行驶；车流量大，行人、电动自行车、机动车容易形成冲突点，大型货车及泥头车转弯时存在视线盲区	10	五一沙井路口	非机动车未在非机动车道内行驶；大型货车及泥头车转弯时存在视线盲区，与电动自行车相撞

3.2.3　现状交通管理

1）智能交通设施分布

现状快环设有视频监控及卡口测速设施。其中，视频监控点有 68 处，卡口测速设备有 10 处，闯红灯、逆行抓拍设备有 6 处，闯红灯抓拍设施有 5 处。

从视频监控点的分布看，存在分布不均的情况，沙井大道和秀厢大道北湖至鲁班路段缺乏监控设备。

测速设备相对分布均匀，但是测速点设置相对较少。

交通诱导屏主要分布在白沙大道、竹溪大道、厢竹大道，同样存在分布不均的情况。

图 3-29 是南宁市现状快速环路智能交通设施分布情况。

图 3-29　南宁市现状快速环路智能交通设施分布示意图

2）现状快环管理措施

按照《关于加强南宁市城市道路交通管理的通告》规定，现状快环高峰时段实行禁货令。

每日 7:00~9:00、17:00~20:00，禁止货运车辆、大型客车在昆仑大道（二塘高速收费站路口至邕宾立交桥路口）、秀厢大道、清川大道、沙井大道行驶、停放或者临时停车。

在快环上 10 个点启用 200 万像素高清摄像头，对违法行为进行自动抓拍。

图 3-30 是南宁市现状交通管理规定。

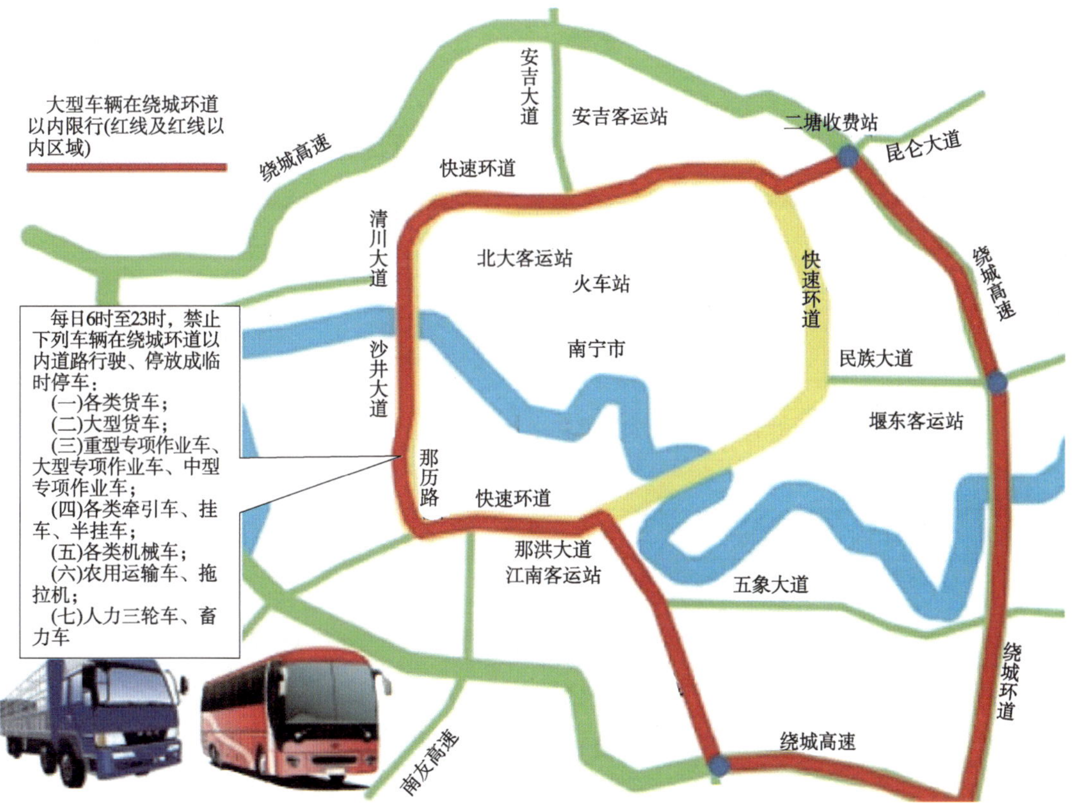

图 3-30　南宁市现状交通管理规定

注：图片来源于南宁新闻网：《关于加强南宁市城市道路交通管理的通告》。

3.2.4　现状配套设施

1）快环慢行设施总体情况

（1）快环慢行设施总体情况

根据现状调查，快环沿线除了东北角和西侧正在开发建设外，其余周边区域基本开发完成，其配套慢行设施设置总体较好，具体如下：

快环全段均设置了 4m 宽人行道，其中白沙大道段试行建设了自行车专用道；

快环全段共设置了 22 座人行过街天桥，主要集中在人流量较大的居住小区和公建附近；

快环沿线共设置了 44 个公共自行车租赁站，主要集中在白沙大道、竹溪大道和秀厢大道段。

（2）现状快环人行过街天桥分布

根据现状调查统计，快环沿线共配套设置了 22 座人行天桥，分布不均现象较为明显，主要集中在居住小区附近，详见表 3-10 和图 3-31。

南宁市快速环路人行过街天桥分布情况　　表 3-10

序号	设置地点	序号	设置地点
1	江南新兴苑	12	荣和悦澜山
2	普罗旺斯小区	13	广西妇产医院
3	百事成机电公司	14	家园小区
4	云星尚雅名都	15	澳华快环时代城
5	南国花园	16	恒安新城
6	白沙市场	17	向阳学校
7	白沙桥南	18	恒大新城
8	江北新兴苑	19	恒大新城
9	环保局	20	宝海公寓
10	越秀立交	21	华侨大学南宁部
11	琅东小区	22	新兴幼儿园

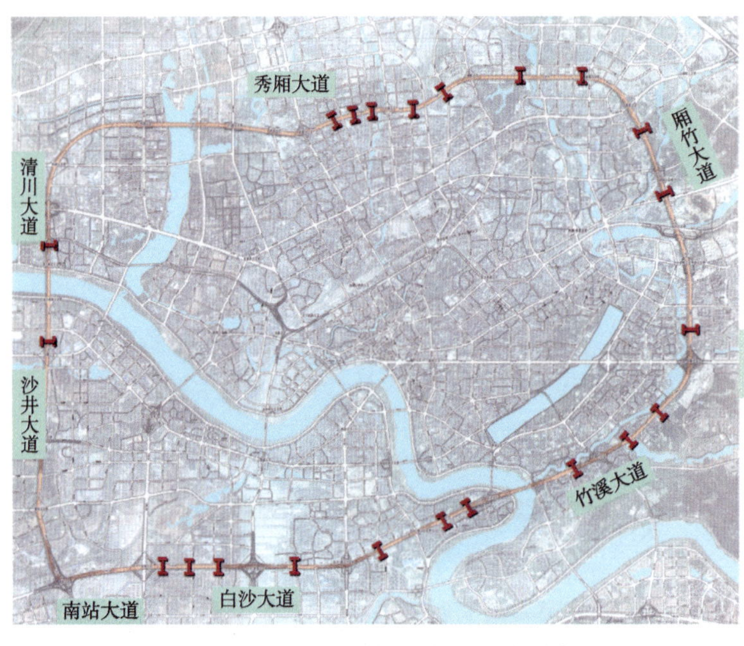

图 3-31　南宁市现状快环人行过街天桥分布

2）快环人行道使用情况分析

现状快环全段均设置了4m宽人行道，但使用情况差异很大，具体如下。

白沙大道：为自行车专用道示范路段；4m人行道，包括1.5m绿化带、1.5m人行道、1.0m自行车专用道，设施较为完好；

竹溪大道等其余路段：4m人行道，包括1.5m绿化带、2.5m人行道，其中竹溪大道和秀厢大道人行道使用情况较好，而秀厢大道和清川大道普遍存在路面破损现象。

图3-32为南宁市现状快环人行道使用情况。

白沙大道

竹溪大道

清川大道

秀厢大道

图3-32　南宁市现状快环人行道使用情况

3）快环沿线公共自行车租赁站建设情况

根据现状调查统计，快环沿线共配套设置了44个公共自行车租赁点，主要随公交站点布设，具体分布见图3-33。

使用情况如下：

公共自行车站点分布不均，主要根据人流量大小设置，集中在白沙大道、竹溪大道和厢竹大道路段，秀厢大道局部路段有设置；

从公共自行车停放比例看，大部分站点属于21%~79%，可见总体使用频率相对均衡，没有出现过度集中现象。

图 3-33　南宁市现状快环沿线公共自行车站点分布

4）快环公交设施建设与使用情况

根据现状调查统计，快环沿线公交设施总体情况如下：

快环沿线共设置了 52 对公交站点，涉及 55 条公交线路，主要集中在白沙大道、竹溪大道和厢竹大道。

快环沿线公交客流需求与线路设置基本吻合，主要集中在白沙大道、竹溪大道和厢竹大道。这主要受沿线地块开发影响，居住小区集中路段公交出行需求较为明显。

快环沿线公交设施分布情况可见图 3-34 和图 3-35。

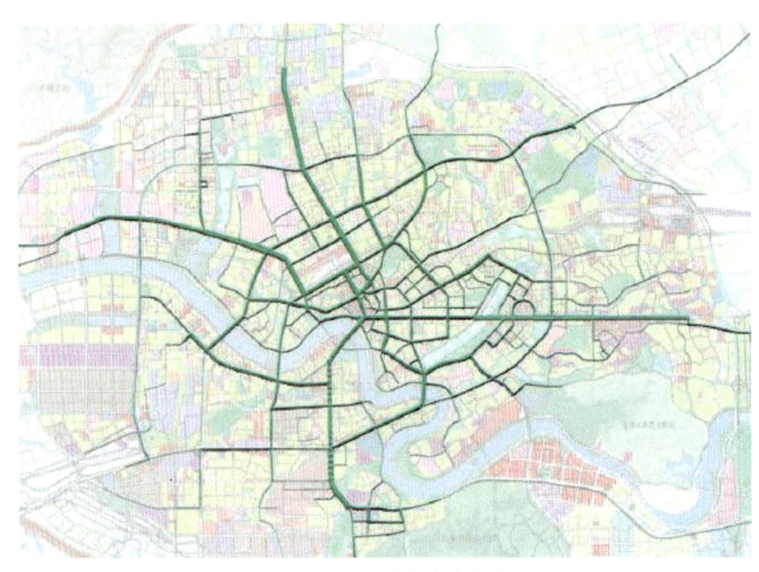

图 3-34　现状公交线路分布

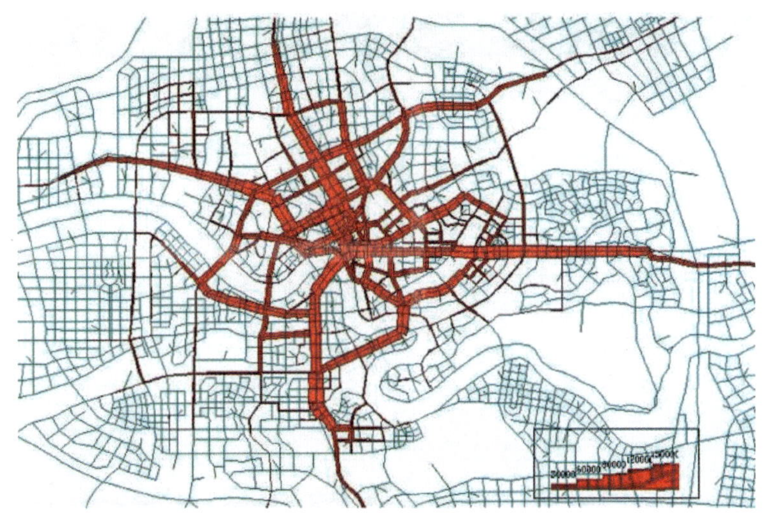

图 3-35 现状公交线路密度分布

根据现状调查统计，公交线路分布差异较大。白沙大道东段公交线路达 16 条，大部分线路通往大沙田方向。而北段局部位置仅有 1 条。沿快环长距离行驶线路仅有环 2 线。快速环路公交分布见表 3-11。

南宁市快速环路公交分布 表 3-11

路名	站名	停靠线路（条）	路名	站名	停靠线路（条）
秀厢大道（全长 12000m、平均站距 800m）	秀厢天霞路口	2	秀厢大道（全长 12000m、平均站距 800m）	秀厢大道中	2
		2			2
	秀厢大道西	1		秀厢秀安路口	10
		1			10
	秀厢科园立交	1		北湖安居小区	8
		1			8
	秀厢鲁班路口	3		秀厢北湖路口	3
		3			3
	西大行健文理学院	3		皂角村	3
		3			3
	秀厢秀灵路口	3		恒安新城	4
		3			4
	友爱北立交（西）	1		邕武立交	4
		1			4
	友爱北立交（东）	9		快环建材市场	4
		9			4

续上表

路名	站名	停靠线路（条）
秀厢大道（全长12000m、平均站距800m）	大鸡村路口	4
		4
	秀厢大道东	3
		3
	金源城	4
		4
	秀厢金川路口	1
		1
厢竹大道（全长4200m、平均站距525m）	厢竹南梧立交	5
		5
	兴宁区政府	9
		9
	厢竹大道北	8
		8
	厢竹立交	8
		8
	厢竹大道中	8
		8
	竹岭立交	7
		7
	广西水力电业集团	4
		4
	厢竹长湖路口	4
		4
	厢竹云景路口	4
		4
	竹溪立交	32
		32
	竹溪汇歌路口	10
		10
	市中级人民法院	7
		7
	竹溪苑	5
		5
	市环保局	9
		9
	竹溪青山路口	4
厢竹大道（全长4200m、平均站距525m）	竹溪青山路口	4
	新兴苑	7
		7
清川大道2500m	清川大桥北	2
		2
白沙大道（全长6000m、平均站距545m）	白沙壮锦路口	7
		7
	白沙高棠路口	7
		7
	白沙友谊路口	5
		5
	白沙石柱岭路口	4
		4
	白沙星光路口	2
		2
	南国花园	12
		12
	白沙路中	8
		8
	白沙亭江路口	12
		12
	白沙市场	16
		16
	白沙桥南	16
		16
沙井大道（全长5100m、平均站距850m）	华南城	2
		2
	沙井大道中	3
		3
	沙井亭洪路口	3
		3
	松柏村	2
		2
	沙井铁路立交	2
		2
	沙井南站路口	2
		2

（1）公交站点设置形式

目前，快环设置的公交站点主要有两种形式：一种是设在侧分带上，主要有5对站点，均分布在白沙大道上；另外一种是设置在人行道上，共有47对。

（2）公交站点配套过街设施

由于公交站点成对设站，因此过街需求较大，目前建设的 52 对公交站点，还有 11 对站点周边没有过街设施（平面或立体），导致公交出行不便，见图 3-36、图 3-37。

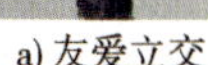

a) 友爱立交

b) 南园花园

图 3-36　设在人行道上公交站点及设在侧分带上公交站点

图 3-37　友爱立交下平面过街设施及快环上的人行天桥（白沙市场公交站附近）

3.3　问题诊断

3.3.1　问题一：土地利用问题

1）快环两侧用地分布不合理

现状快速路沿线土地利用呈现明显差异化，东环沿线两侧多为居住、办公和商业用地；南环两侧主要以商住和汽车销售为主，形成了汽车销售一条街；西环还未完全开发，目前开发是以居住和展示展销为主，分布有大型展销中心华南城；而北环两侧则分布了居住小区和各类的专业市场（包括建材市场、农用机械市场、机电市场、汽车市场、旧货市场等）。可见，两侧用地性质控制不尽合理，尤其是东环竹溪大道和厢竹大道沿线，聚集了大量居住区、行政办公和商业服务设施用地，这是沿线交通量快速增长的重要原因之一，制约了快速路功能的发挥。

2）局部路段两侧开发强度过大

现状快环除西环沙井大道、东环北段厢竹大道沿线尚未完全开发外，其余地块基本已开发。随着近几年开发建设，开发强度逐步提升，其中东环开发强度较大。竹溪大道和厢竹大道沿线以商业服务和居住为主，还分布有大型公建——南宁国际会展中心、大型公交枢纽站——竹溪立交站、大型商圈——琅东商圈，开发强度过大。

3.3.2 问题二：路网结构问题

1）快速路网结构单一

快速路网结构较为单一、无法充分发挥快速路功能。

现状快速路仅有一环，还未形成“申”形的骨架快速路网结构，未能有效支撑城市多中心的发展，作为城市核心区的城市环路，无法发挥快速路服务于中长距离交通的功能，见图 3-38。

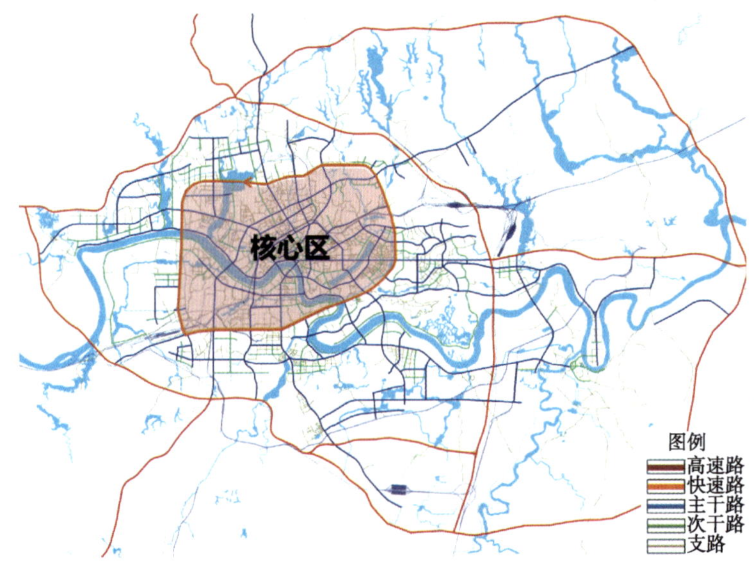

图 3-38　南宁快环周边现状路网结构

2）缺乏平行分流通道

缺乏平行分流通道，导致快速环路快速功能下降，运行效率低下。

现状快环缺乏分流沿线区域交通的平行干道网，导致区域交通与过境交通相互叠加，局部拥堵成常态。且当快环突发交通事故时，交通自动调节能力弱，更易造成大面积交通拥堵。

例如，2016 年 4 月 13 日 6:30 左右，竹溪大道（葫芦鼎大桥往会展方向）青湖中心门前路段的主车道，一辆运输建筑吊塔的重型卡车冲撞隔离栏后，又与对向的垃圾运输车相撞，重型卡车十几米的车身，把整个主车道完全阻断，造成竹溪大道青湖中心路段双向堵车，拥堵路段达十多千米。

3）周边集散通道不完善

现状快环周边次干路、支路连通性不够，相互干扰问题严重，限制了快速路的疏散能力。除竹溪大道周边路网建设较为完善以外，其他快速路周边路网建设滞后，尤其是沙井大道东侧及秀厢大道（邕武立交—邕宾立交）南侧集散性道路极为缺乏，见图 3-39。

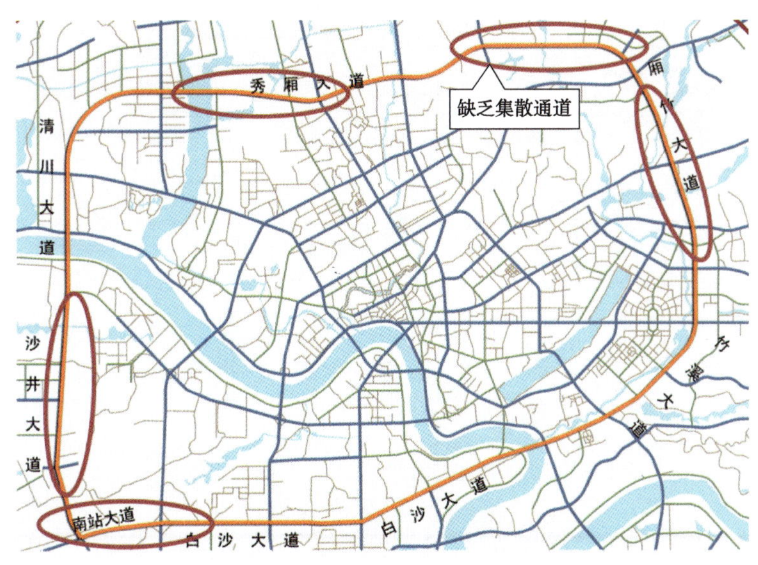

图 3-39 南宁快环缺乏集散通道的部分路段分布

3.3.3 问题三：道路承载力问题

1）局部节点通行能力不足

现状快环节点剩余承载力总体分布不均衡，在空间上呈现“东北环小西南环大”的趋势。根据现状调查统计，东环与北环的转向流量较大，其节点剩余承载力小，尤其是邕武立交、长湖立交地面层的剩余承载力几乎为 0。

快环节点剩余承载力大小与路段流量成负相关关系，流量大则剩余承载力小，流量小则剩余承载力大，见图 3-40 和图 3-41。

图 3-40 南宁快环当前主要节点剩余承载力分布

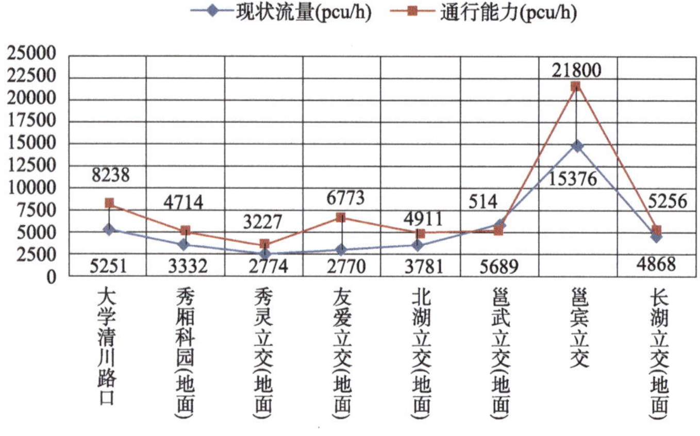

图 3-41　南宁快环当前主要节点剩余承载力明细

节点通行能力不足，主要由于存在不少菱形立交，地面层非机动车流量大，机动车与非机动车交通流交织严重。

2）路段剩余承载力不足

现状快环路网剩余承载力总体分布不均衡，在空间上呈现“东北环小西南环大”的趋势。

根据现状调查统计，东环与北环的流量较大，其剩余承载力小，厢竹大道与竹溪大道晚高峰断面双向剩余承载力不足 1500pcu/h，尤其是厢竹大道药用植物园段，该段剩余承载力几乎为 0，而西南环沙井大道、白沙大道段的剩余承载力较为富余。

从当前快环剩余承载力分析得出，其大小与路段流量成负相关关系，流量大则剩余承载力小，流量小则剩余承载力大。

3.3.4　问题四：交通组织问题

1）侧分带出入口设置不合理

部分出入口的技术标准低，缺少加减速车道，并且出入口数量过多。

另外，出口与入口间距过短，部分出口与入口间距大约为 150m，当交通量增大时，容易在交织段产生拥堵。按照先出后入的原则和出入口间距按设计车速 80m/s 的标准，最小距离需 210m。因此部分出入口间距达不到规范要求，而且出入口间距短也在一定程度上解释了主路上短途车辆较多的原因。

2）沿线单位出入口设置不尽合理

局部路段沿线单位出入口设置不合理，部分路段辅路与支路交叉口影响范围内设置有单位出入口，交叉口范围交通混乱，影响辅道直行车辆。部分路段单位出入口正对快环的进口，不仅与快车道的车辆互相干扰，而且与辅道直行车辆冲突，容易造成交通拥堵甚至安全事故。

3）局部交通组织有待进一步完善

局部路段和节点交通组织有待进一步完善。如辅路出入口设置为先出后入，主线与辅道存在两处交织冲突点，严重影响主线的车流运行；友爱立交桥在相交道路前先设置了出口，把车流分流到了辅路，使本来压力就大的辅路压力倍增。

3.3.5 问题五：附属设施问题

1）慢行设施配套不完善

过街设施：快环沿线共配套设置了22座人行天桥，主要集中在居住小区附近，已经设置的部分立体人行过街设施不完善或人行天桥设置位置不合理，例如部分天桥虽然设置了推行坡道，但坡度过大，未设置防滑设施，尤其是潮湿天气导致非机动车推行不便；部分区段缺乏立体过街设施导致有行人横穿快速路现象，见图3-42。

人行道：现状快环全段均设置了4m人行道，但秀厢大道和清川大道普遍存在路面破损现象。

图3-42　快速路天桥推行坡道未设置防滑设施

2）公交设施衔接不尽合理

快环沿线共设置了52对公交站点，涉及55条公交线路，主要集中在白沙大道、竹溪大道和厢竹大道，部分站点设置在侧分带上，乘客上下车与机动车流冲突大，安全性差，效率低。

由于公交站点成对设站，因此过街需求较大，目前建设52对公交站点，还有11对站点周边没有过街设施（平面或立体），导致公交出行不便，见图3-43。

图3-43　快速路侧分带公交站台

3）智能监控系统不完善

现状快速路交通监控系统只起到监视、检测、信息发布的功能，缺少控制和紧急救援的功能，具体包括以下内容：

①没有实施匝道流入控制，无法对进入快速路的车流量进行总量控制。

②缺乏完善的事故处理和紧急救援系统支持，快速路事故的影响程度和范围比较大。

③信息的提供手段不完善，驾驶员不知道拥挤和事故信息，盲目涌向拥挤路段，加剧交通拥堵。

4 南宁市城市发展及交通需求分析

4.1 城市发展趋势分析

4.1.1 城市空间格局向多中心转变

根据《南宁市城市总体规划（2011—2020）》空间结构分析，城市空间布局将由单中心向多中心逐步转变，凤岭和五象中心的建设将分散旧城中心的职能，逐步形成以旧城中心、凤岭中心、五象中心三足鼎立的空间格局。根据《南宁空间发展战略规划》空间结构规划，未来南宁市中心南拓的趋势更趋明显，在琅东凤岭中心的基础上，重点向南，形成五象国际门户中心。

随着南宁市多中心格局的逐步成型，旧城中心与琅东凤岭中心、五象中心等区域间的交通联系将进一步加强，跨区域长距离出行需求不断增加，可参见图 4-1、图 4-2。

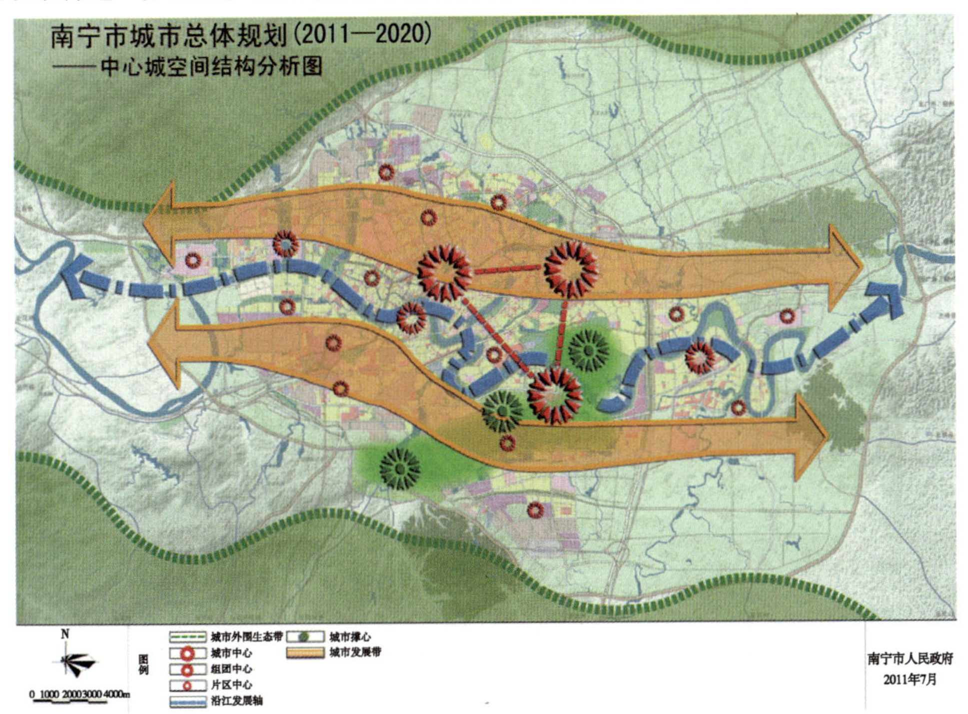

图 4-1 南宁城市总体规划中心城区空间结构分析

注：图片来源于《南宁市城市总体规划（2011—2020）》。

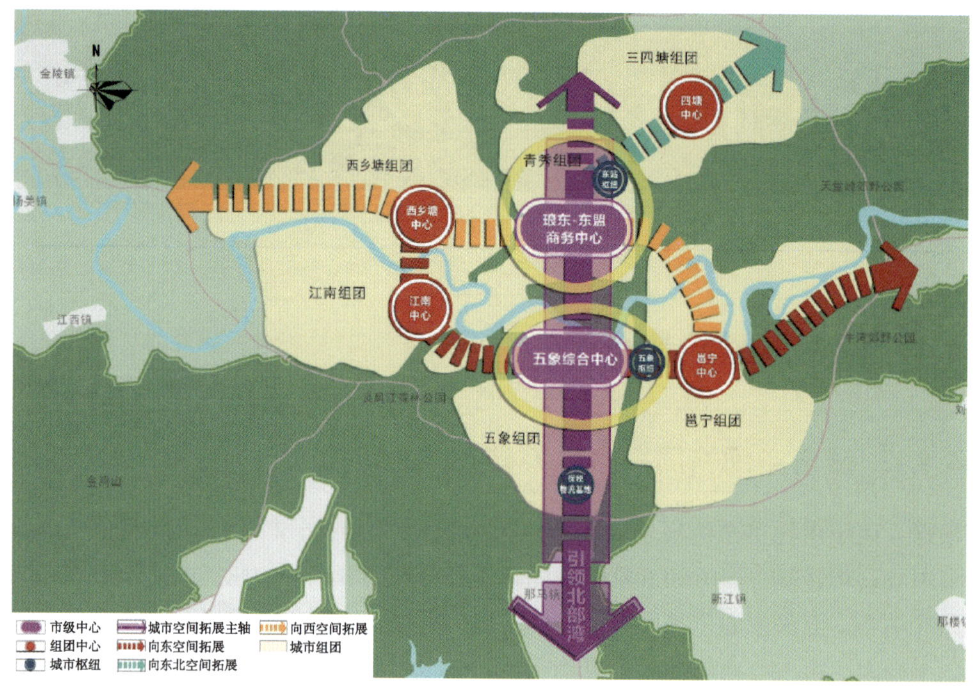

图 4-2　南宁空间发展战略规划中心城区空间结构分析

注：图片来源于《南宁市城市空间发展战略规划》。

4.1.2　城市快速路由一环逐步成网

根据快速路线网规划及快速路近期建设计划，2020 年将形成“申”字形快速路网，中心城区将完成东西快速路、南北快速路的建设，同时完成原东环高速路的快速路改造。

不断完善的快速路系统将会分流快速环路的部分交通压力。现有快速环路不仅承担跨越老城区的功能，还承担到发老城区的中转交通功能。随着远期快速路系统的不断成网完善，到发老城区交通功能将主要由东西及南北快速路承担，届时将对快速环路交通流量起到一定的分流作用，见图 4-3。

4.1.3　城市公交系统不断升级完善

1）轨道线路逐步投入运营

根据南宁市轨道交通线网规划，预计 2020 年轨道 1 号线、2 号线和 3 号线将投入运营，届时老城区公共交通服务水平将得到显著提升，有利于吸引居民选择轨道交通出行，总体上对现状快环交通流缓解具有一定作用，见图 4-4。

2）公交专用道和 BRT 快速公交系统建设完成

根据《南宁市公交都市建设规划》，规划 40 条公交专用道，总里程 203.3km，作为 BRT 网络向外围组团的延伸并补充服务其他次要客运走廊。届时快环沿线公交服务水平将有明显提升，有利于吸引居民选择公交出行，见图 4-5。

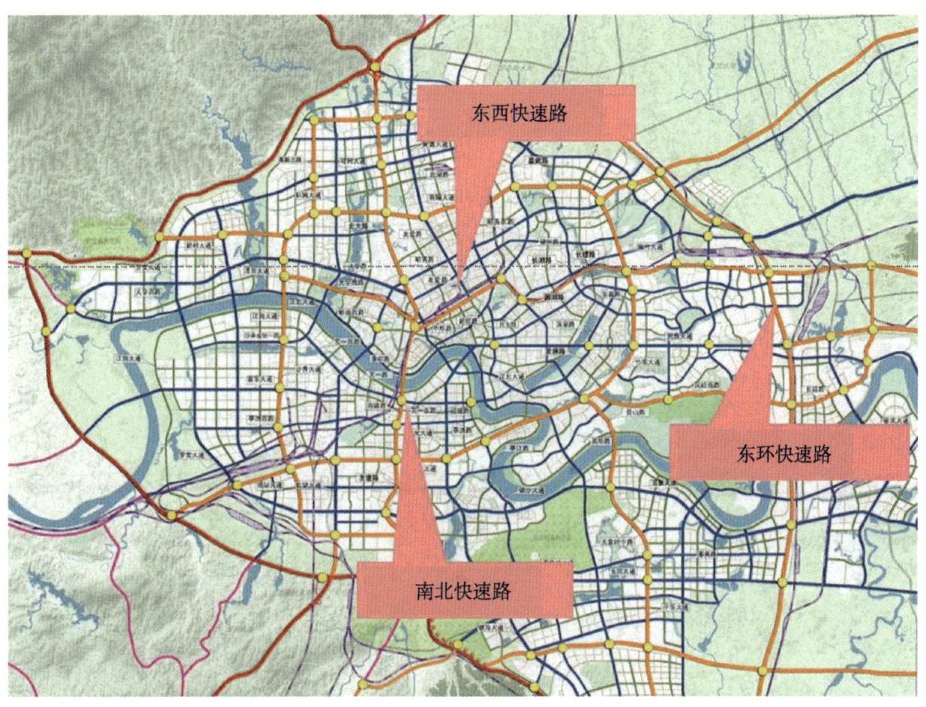

图 4-3　南宁市快速路系统规划示意图

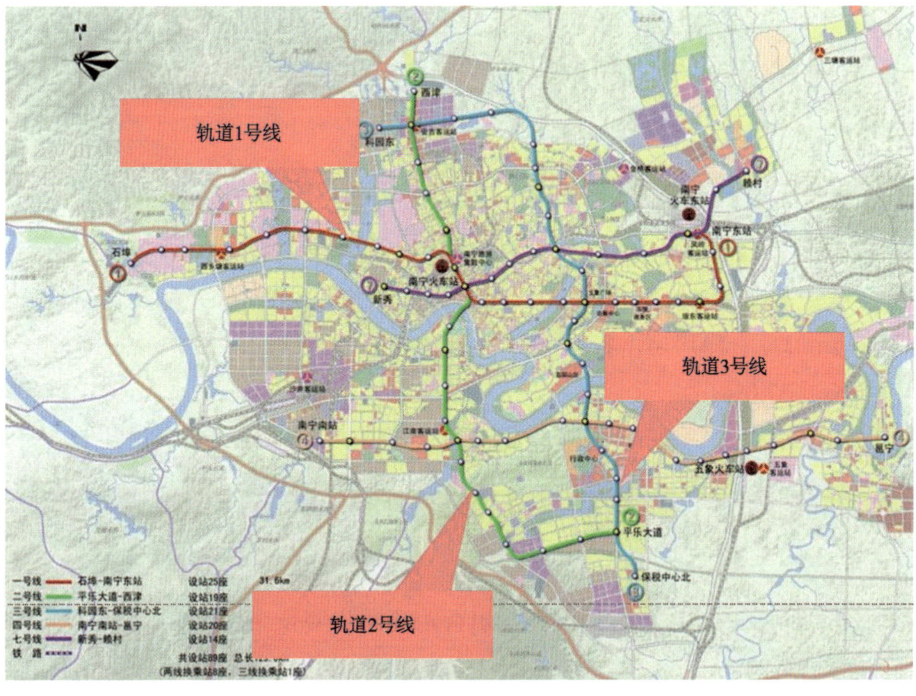

图 4-4　南宁市轨道交通线网规划示意图

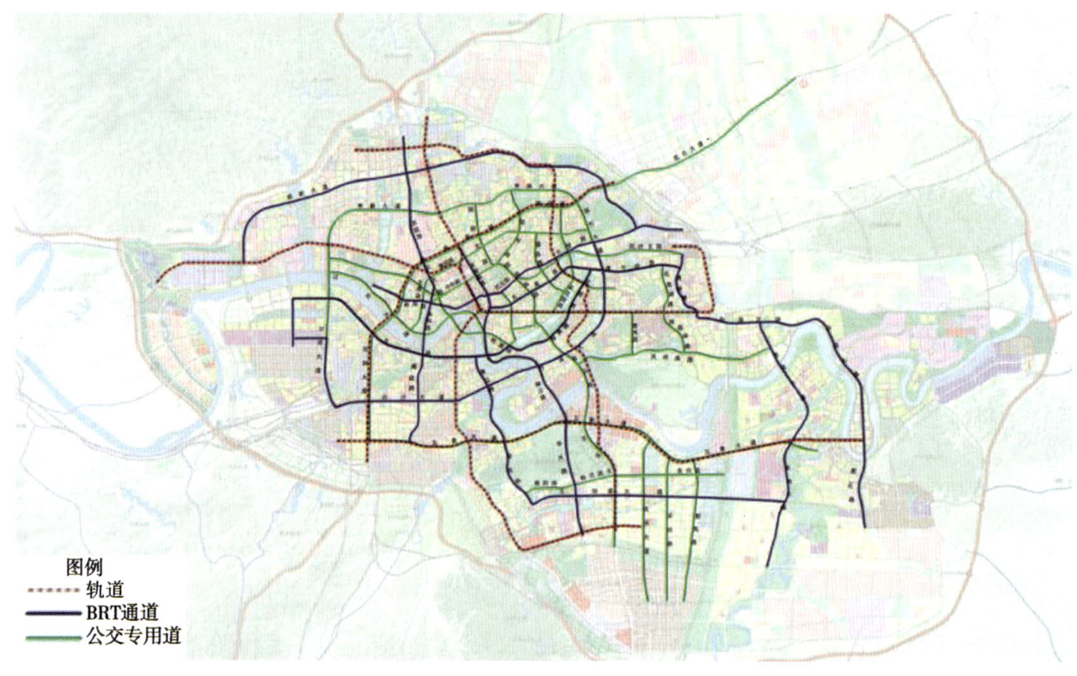

图 4-5 南宁市公交都市建设规划示意图

注：图片来源于《南宁市公交都市建设规划》。

4.2 居民出行特征分析

4.2.1 居民出行总量稳步增加

1）居民出行总量逐步增加

根据《南宁市综合交通规划（2007—2020）》预测结果分析，2020 年中心城区居民日均出行率为 2.6 次 / 日，居民出行总量为 910 万人次 / 日，与 2010 年居民日出行总量 664 万相比，增长了 37.0%。

根据《南宁空间发展战略规划》研究成果，2030 年中心城区人口达到 500 万人，居民日均出行率取 2.4 次 / 日，则 2030 年居民出行总量为 1200 万人次 / 日，与 2020 年出行总量相比，增长了 31.9%。

2）居民出行距离不断增长

由于城市空间发展的扩大，居民平均出行距离逐步增长，预计由 2010 年的 5.4km 增加到 2020 年的 8.1km，增长了 50%（图 4-6）。而随着中心城区规模的不断扩大，预计 2030 年居民出行距离将进一步增长。

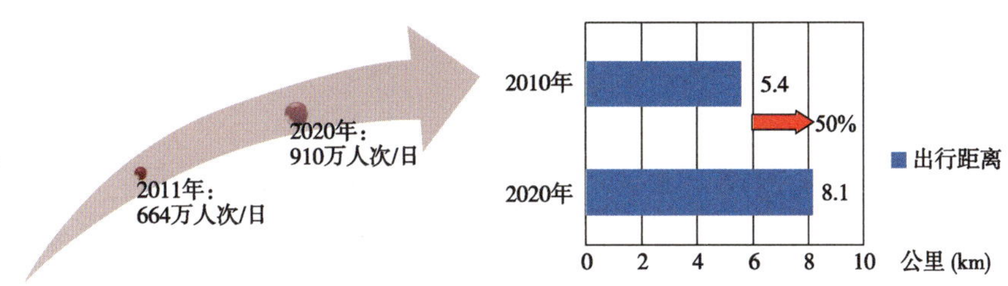

图 4-6　2020 年居民出行总量及出行距离变化情况

4.2.2　居民出行方式机动化

截至 2015 年年底，南宁市机动车保有量为 176.02 万辆，同比增长 6.55%；全市私家小汽车保有量为 79.76 万辆，同比增长 19.56%。随着居民收入水平的不断提高，近期私家车保有量仍将保持快速增长。

结合南宁市综合交通规划模型预测结果，预计 2020 年小汽车的出行比例将由 2011 年的 11.64% 提高到 27.5%，随着机动化出行进一步凸显，现状快环将面临更大的交通压力，见图 4-7。

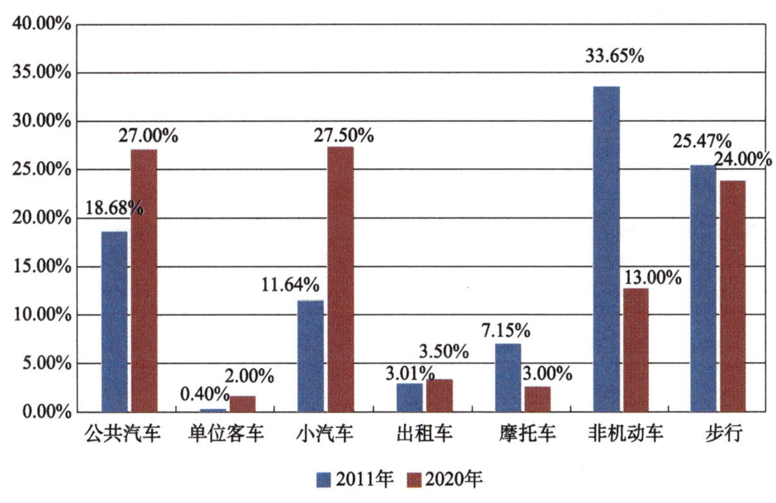

图 4-7　现状与 2020 年出行方式结构对比

4.2.3　公共交通出行需求不断增加

1）沿线公交出行需求明显增加

随着沿线用地开发逐步成熟，尤其是居住楼盘的开发，公交出行需求日益增强，如白沙大道和竹溪大道沿线，同时配套过街需求也日益扩大，见图 4-8。

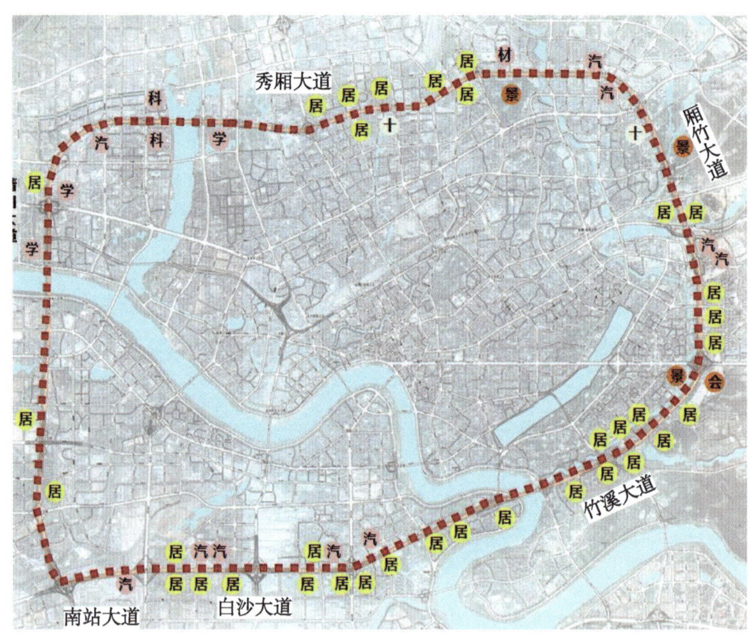

图 4-8　快环沿线开发建设分布图

2）沿线轨道交通出行比例明显增加

随着轨道 1、2、3 号线的投入运营，老城区轨道线路沿线居民出行方式将逐步转为以轨道交通方式为主，根据出行方式转移曲线预测，2020 年轨道线路沿线区域居民出行公交（含轨道）方式占比为 42%，机动车出行方式占比为 16%，而其他非轨道线路区域公交出行方式仅为 20%，机动车方式占比达到 35%，见表 4-1。

2020 年老城区居民出行方式　　表 4-1

区　域	公交（轨道）	机动车	非机动车	步行	合计
轨道线路沿线区域	42%	16%	20%	22%	100%
其他区域	20%	35%	23%	22%	100%

4.3　交通出行分布

4.3.1　老城区依然维持较大规模吸引量

根据交通生成分布预测结果，老城区依然维持较大规模吸引量。老城区作为南宁的商业中心，由于大量岗位的聚集，吸引交通量依然维持在较大规模的水平。快速环路范围内的出行量（起终点均在快环内）达到 290 万人次，占全部出行量的 32%，与现状相比有所减少，见图 4-9。

图 4-9　2020 年南宁交通生成分布图

4.3.2　五象、凤岭中心吸引更多进出快环车流

五象、凤岭中心吸引更多进出快环车流。随着外围五象新区、凤岭中心的人口和就业岗位的增加，大量的长距离出行随之增加，进出快环的出行量达到 280 万人次，占全部出行的 30%，因此，南宁市快速路系统将承担更多交通需求，见图 4-10。

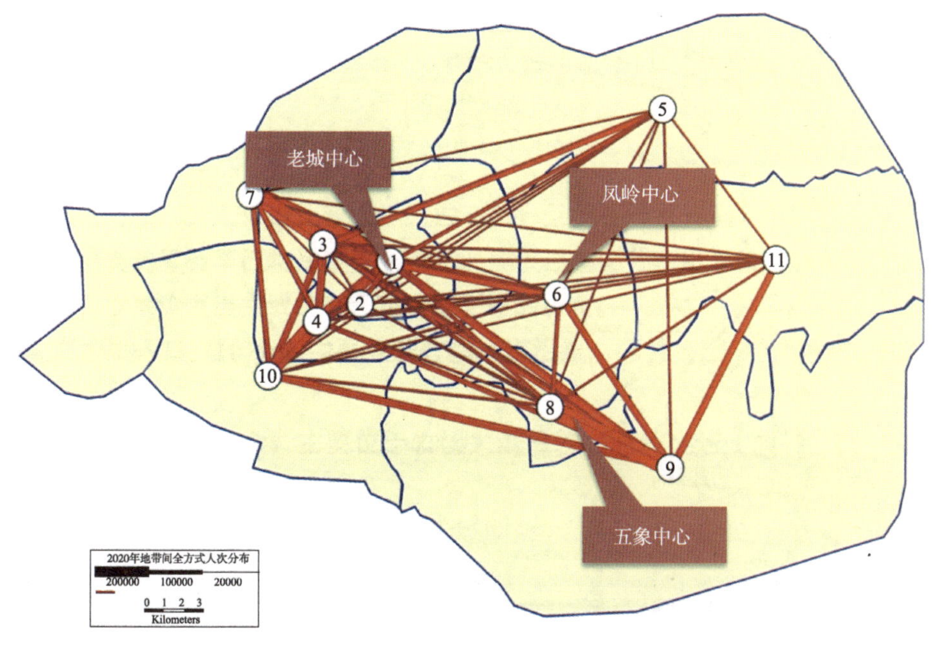

图 4-10　2020 年南宁居民出行分布图

4.4 交通流量分配

为进一步研究快速路建设对中心城区道路交通产生的影响，交通流量分配采用两套路网方案进行对比分析，一是以现状路网作为分配路网，将 2020 年机动车 OD 分配到现状路网上，研究现状路网对未来交通需求的承载能力；二是以快速路近期建设方案为分配路网，即 2020 年东西快速路、南北快速路和东环高改快速路均完成建设，分析快速路近期建设方案对现在快速环路的分流作用。

4.4.1 2020 年现状路网分配结果

1）快速环路流量有较大幅度增加

由于居民出行总量的显著增长，快速环路交通流量有较大幅度增加，与现状快速环路流量相比，各段环路增幅为 10.6%~22.5%。

2）东环、北环交通压力显著提升

由于现状东环、北环交通流量较大，均在 10000pcu/h 以上，随着 2020 年路段流量的进一步增长，东环、北环交通压力显著提升。其中东环平均交通流量增加到 13121pcu/h，与现状相比提高了 13.6%；北环平均交通流量达到 12197pcu/h，与现状相比提高了 15.7%，见表 4-2 和图 4-11。

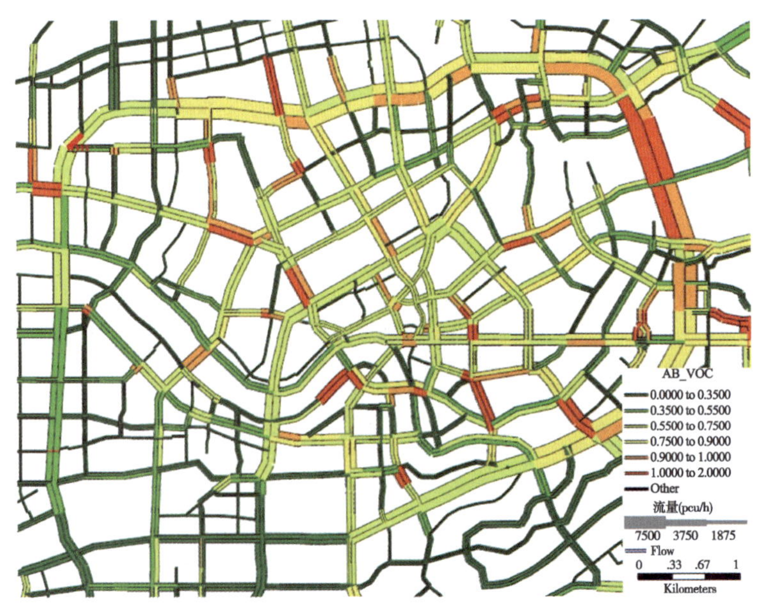

图 4-11 2020 年现状路网交通流量分配图

2020 年现状路网流量分配结果一览（pcu/h）　　表 4-2

区　域	现状路段平均流量	2020 年路段平均流量（现状路网）	对比分析（%）
北环	10539	12197	15.7
东环	11554	13121	13.6
南环	7142	7902	10.6
西环	5223	6398	22.5

4.4.2　2020 年近期规划快速路建成分配结果

1）快速环路流量进一步增加

随着城市建设的不断发展，尽管快速路系统的不断完善及轨道交通的投入运营对快速环路交通产生极大影响，但由于居民出行总量的不断增长，快环流量仍将进一步增加。

2）快速环路流量分布基本格局没有变

快速环路流量分布依然是东、北环重，西、南环较轻。其中东环、北环平均路段流量均在 10000pcu/h 以上。

3）东环压力有所下降，北环压力依然较大

得益于东西快速路及南北快速路的分流影响，东环交通压力与现状相比有所下降，东环平均流量为 10937pcu/h，以现状流量相比略有降低；但北环交通压力依然较大，北环平均流量为 11581pcu/h，与现状流量相比，增长了 9.9%，造成友爱立交、北湖立交等北环主要节点交通压力较大。

4）东西快速路、南北快速路的建设对现状快环的分流作用较为明显

东西快速路、南北快速路的建设对现状快环的分流作用较为明显。与 2020 年现状路网分配结果相比，规划路网快速环路流量平均下降达到 10% 以上，其中对东环的分流作用最为显著，近期快速路的建设分流了东环流量的 16.6% 可见表 4-3、表 4-4 和图 4-12。

2020 年规划路网流量与现状流量一览（pcu/h）　　表 4-3

区　域	现状路段平均流量	2020 年路段平均流量（规划路网）	对比分析（%）
北环	10539	11581	9.9
东环	11554	10937	−5.3
南环	7142	7630	6.8
西环	5223	5433	4.0

2020 年规划路网流量与 2020 年现状路网流量一览（pcu/h）　　表 4-4

区　域	2020 年路段平均流量（现状路网）	2020 年路段平均流量（规划路网）	对比分析（%）
北环	12197	11581	–5.1
东环	13121	10937	–16.6
南环	7902	7630	–3.4
西环	6398	5433	–15.1

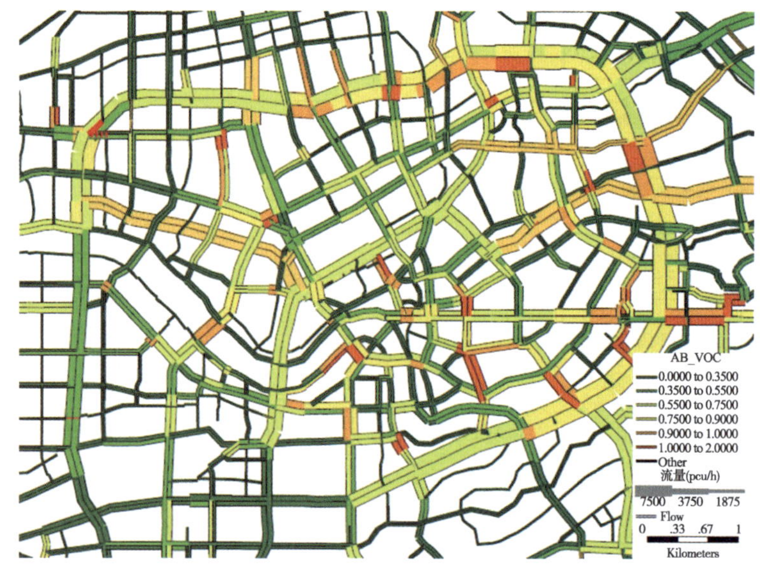

图 4-12　2020 年规划路网交通流量分配

4.4.3　2030 年规划路网分配结果

1）未来快环流量整体趋势判断

（1）东环、北环交通压力依然严峻

随着远期中心城区多中心的形成，凤岭中心、五象中心吸引更多进出快环车流，造成东环、北环交通压力不断增大，其中，东环平均交通流量达 13220pcu/h，与 2020 年流量相比，增长了 20.9%；北环平均交通流量达 13150pcu/h，与 2020 年流量相比，增长了 13.6%。

（2）西环、南环交通流量增长迅速

西环、南环交通流量增长迅速，其中南环平均交通流量由 2020 年的 7630pcu/h 提高到 9514pcu/h，增长了 24.7%；西环平均交通流量由 2020 年的 5433pcu/h 提高到 7054pcu/h，增长了 29.8%，见表 4-5 和图 4-13。

2030 年规划路网流量与 2020 年路网流量一览（pcu/h） 表 4-5

区　域	2020 年路段平均流量（规划路网）	2030 年路段平均流量（规划路网）	对比分析 (%)
北环	11581	13150	13.6
东环	10937	13220	20.9
南环	7630	9514	24.7
西环	5433	7054	29.8

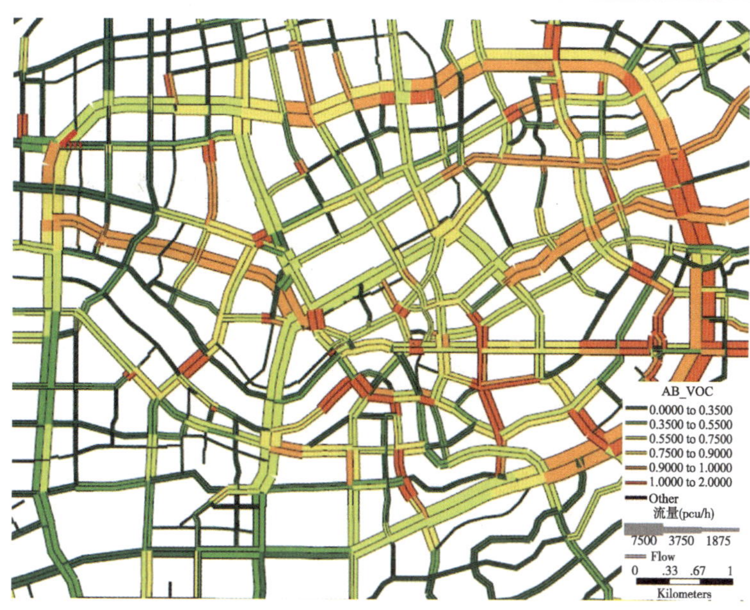

图 4-13　2030 年规划路网交通流量分配

2）重要节点流量预测

（1）秀灵立交流量流向（表 4-6）

2030 年秀灵立交流量流向（pcu/h） 表 4-6

进口道	方向	流量（pcu/h）
东进口	直行	4639
	左转	767
	右转	477
西进口	直行	4793
	左转	403
	右转	745
南进口	直行	627
	左行	215
	右转	745
北进口	直行	864
	左行	291
	右转	243
合计		14810

1398 403 627 477
243 4639 215 5941
5883 291 4793 745
745 864 767 1587

（2）友爱立交流量流向（表 4-7）

2030 年友爱立交流量流向（pcu/h） 表 4-7

进口道	方向	流量（pcu/h）
东进口	直行	4573
	左转	1143
	右转	731
西进口	直行	4874
	左转	835
	右转	989
南进口	直行	2015
	左行	1121
	右转	905
北进口	直行	2212
	左行	1032
	右转	651
合计		21080

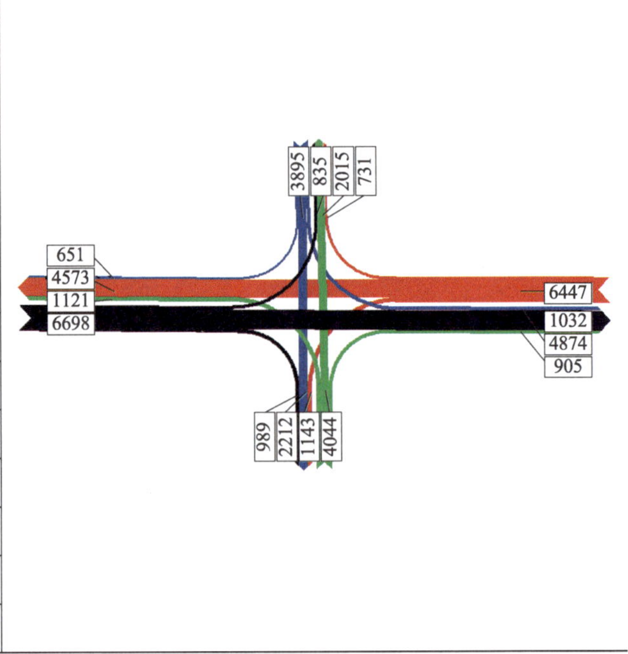

（3）北湖立交流量流向（表 4-8）

2030 年北湖立交流量流向（pcu/h） 表 4-8

进口道	方向	流量（pcu/h）
东进口	直行	5571
	左转	955
	右转	515
西进口	直行	5809
	左转	801
	右转	665
南进口	直行	591
	左行	664
	右转	603
北进口	直行	812
	左行	756
	右转	574
合计		18316

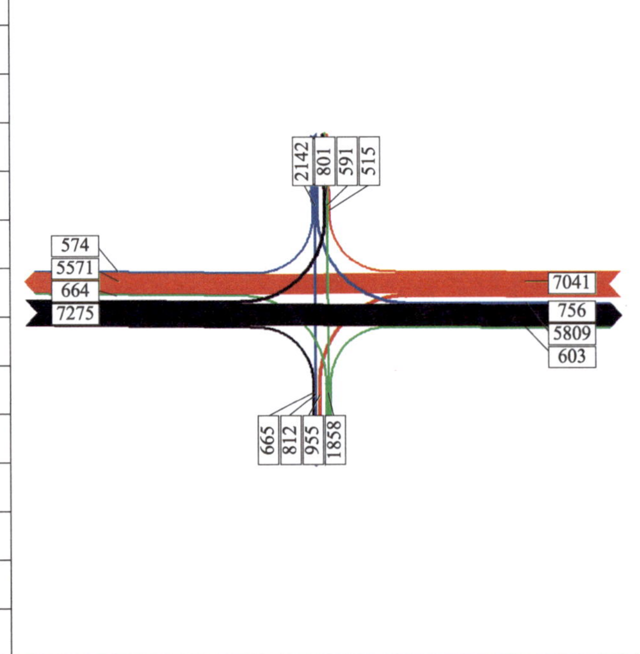

（4）邕武立交流量流向（表 4-9）

2030 年邕武立交流量流向（pcu/h） 表 4-9

进口道	方向	流量（pcu/h）
东进口	直行	4075
	左转	1416
	右转	1878
西进口	直行	4473
	左转	1278
	右转	364
南进口	直行	1177
	左行	1209
	右转	607
北进口	直行	894
	左行	1048
	右转	682
合计		19101

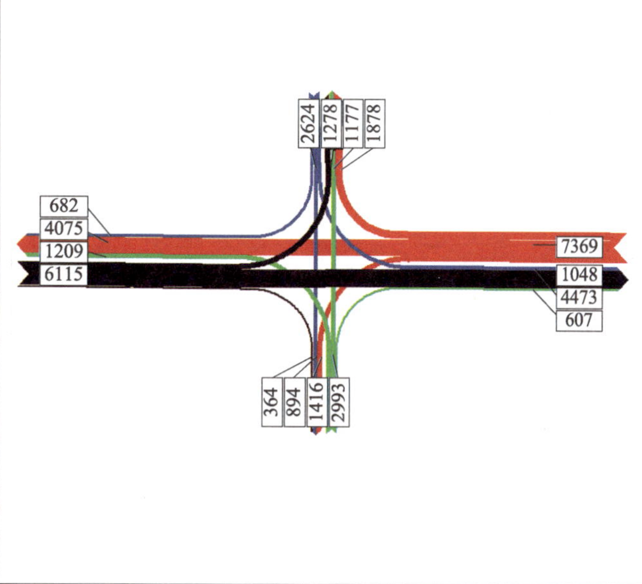

（5）邕宾立交流量流向（表 4-10）

2030 年邕宾立交流量流向（pcu/h） 表 4-10

进口道	方向	流量（pcu/h）
东进口	直行	1620
	左转	2351
	右转	1393
西进口	直行	1365
	左转	1100
	右转	1214
南进口	直行	4831
	左行	2454
	右转	920
北进口	直行	5312
	左行	947
	右转	623
合计		24129

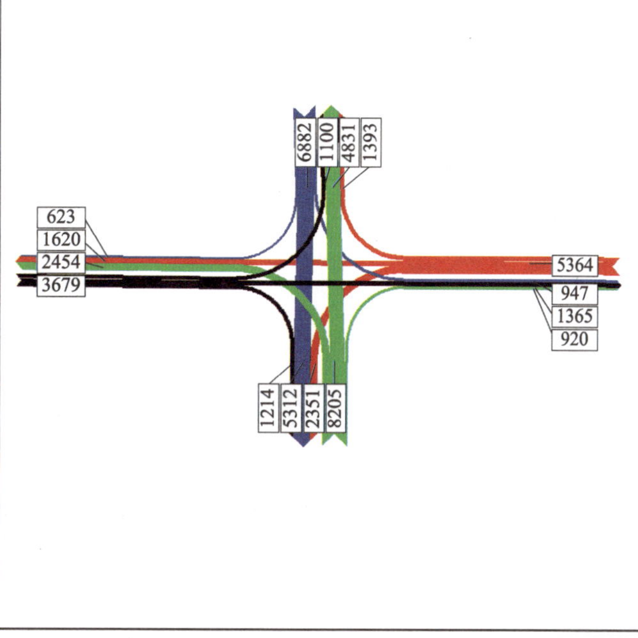

（6）科园立交流量流向（表 4-11）

2030 年科园立交流量流向（pcu/h） 表 4-11

进口道	方向	流量（pcu/h）
东进口	直行	3275
	左转	1372
	右转	430
西进口	直行	4012
	左转	755
	右转	598
南进口	直行	1198
	左行	370
	右转	230
北进口	直行	903
	左行	310
	右转	541
合计		13994

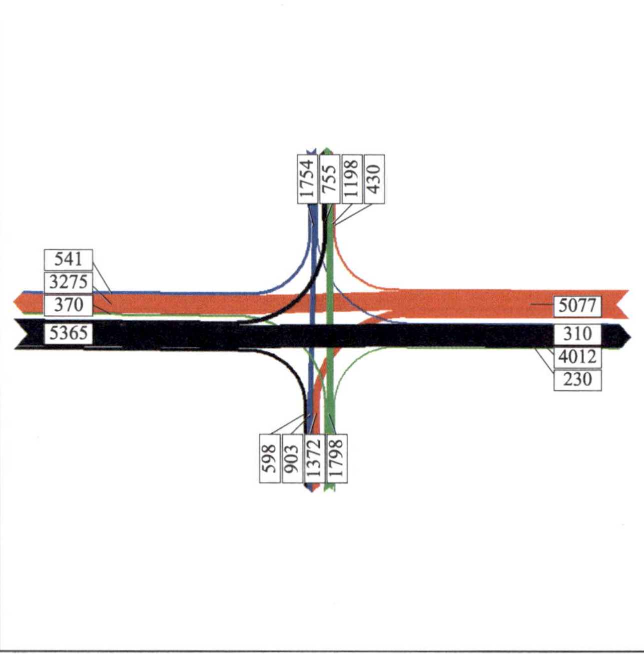

（7）鲁班立交流量流向（表 4-12）

2030 年鲁班立交流量流向（pcu/h） 表 4-12

进口道	方向	流量（pcu/h）
东进口	直行	3936
	左转	1051
	右转	203
西进口	直行	4255
	左转	620
	右转	351
南进口	直行	1438
	左行	361
	右转	558
北进口	直行	1959
	左行	538
	右转	234
合计		15503

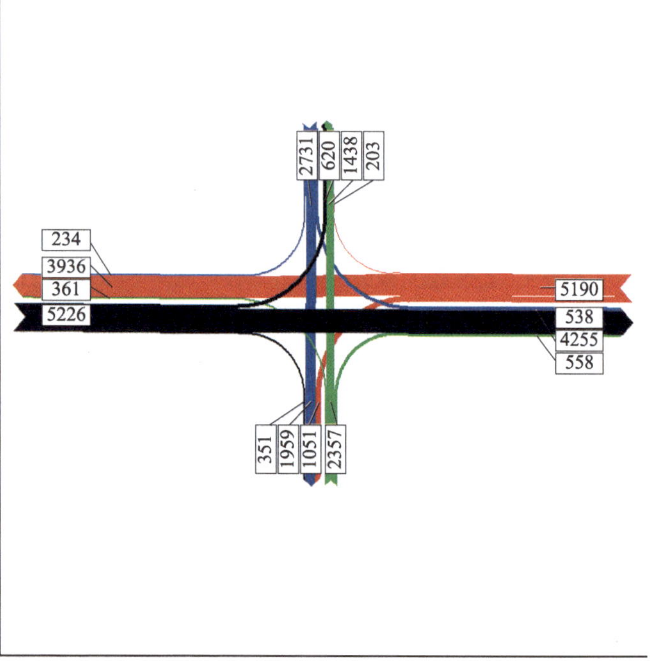

4.5 交通发展趋势与特征小结

4.5.1 城市空间结构对现状快环影响

城市空间布局将由单中心向多中心逐步转变，凤岭和五象中心的建设将分散旧城中心的职能，逐步形成以旧城中心、凤岭中心、五象中心三足鼎立的空间格局。随着南宁市多中心格局的逐步成型，旧城中心与凤岭中心、五象中心等区域间的交通联系将进一步加强，跨区域长距离出行需求不断增大。

4.5.2 重大基础设施建设对现状快环影响

不断完善的快速路系统将会分流快速环路的部分交通压力。现有快速环路不仅承担跨越老城区的功能，还承担到发老城区的中转交通功能。随着远期快速路系统的不断成网完善，将对现状快速环路交通流量起到一定的分流作用。

4.5.3 轨道交通运营对现状快环影响

随着轨道 1、2、3 号线的投入运营，老城区轨道线路沿线居民出行方式将逐步转为以轨道交通方式为主，根据出行方式转移曲线预测，2020 年轨道线路沿线区域居民出行公交（含轨道）方式占比为 42%，机动车出行方式占比为 16%，而其他非轨道线路区域公交出行方式仅为 20%，机动车方式占比达到 35%。

4.5.4 现状快环交通运行情况未来分析

1）2020 年快环交通运行情况

快速环路流量进一步增加。随着城市建设的不断发展，尽管快速路系统的不断完善及轨道交通的投入运营对快速环路交通产生极大影响，但由于居民出行总量的不断增长，快环流量仍将进一步增加。

快速环路流量分布基本格局没有变。快速环路流量分布依然是东、北环重，西、南环较轻。其中东环、北环平均路段流量均在 10000pcu/h 以上。

东环压力有所下降，北环压力依然较大。得益于东西快速路及南北快速路的分流影响，东环交通压力与现状相比有所下降；但北环交通压力依然较大，造成友爱立交、北湖立交等北环主要节点交通压力较大。

东西快速路、南北快速路的建设对现状快环的分流作用较为明显。与 2020 年现状路网分配结果相比，规划路网快速环路流量平均下降达到 10% 以上。

2）2030 年快环交通运行情况

东环、北环交通压力依然严峻。随着远期中心城区多中心的形成，凤岭中心、五象中心吸引更多进出快环车流，造成东环、北环交通压力不断增大，其中，东环平均交通流量增长了 20.9%；北环平均交通流量增长了 13.6%。

西环、南环交通流量增长迅速。其中南环平均交通流量增长了 24.7%；西环平均交通流量增长了 29.8%。

5 交通整治目标与思路

5.1 研究目标与愿景

研究总目标：秉承“让快环‘快’起来”的宗旨，点线面相结合综合治理，以环促网带动城市经济发展，打造安全、畅通、高效的快速环路。

具体目标：建设“三保两型”的道路交通体系。

“三保”目标分别是：

保安全：生命至上，安全第一。

保畅通：畅通是交通与城市发展的和谐标志。

保高效：高效是快速路的主要特征。

“两型”目标分别是：

智慧型：强化智能管理，打造智慧城市。

生态型：发展低碳交通，创造生态环境。

5.2 交通整治总体思路

快速环路目前已经入进常态化拥堵阶段，单纯依靠管理手段已无法从根本上解决交通拥堵问题，因此快速环路宜采用工程改造和管理控制相结合的方式进行综合整治。从“宏观、中观、微观”三个层面入手，着眼于现状，立足于未来，系统性地对快速环路进行整治与优化，进一步挖掘既有道路潜力，积极探索增容渠道，提升道路承载能力；近期以局部整治为主，解决现状瓶颈问题，远期以规划控制为主，预留弹性，近远期做到统筹兼顾、有效衔接；兼顾工程性措施改善的同时，优化交通管理手段，创新管理机制，控制交通需求增长，从而实现快速环路的安全、有序与畅通。

5.2.1 宏观层面

从区域路网角度出发，通过推进快速路系统建设，增强系统交通组织能力和综合服务水平；加快平行通道的建设，均衡路网流量，有效缓解现状快速环路交通压力；完善周边集散路网建设，实现快慢交通有效分离。充分发挥快速路承担中长距离交通的功能。

5.2.2 中观层面

从快速环路全线角度出发，优化交通流时间分布，削峰填谷均衡快环全天流量分布；优化道路节点设计，提升道路通行能力；完善智能设施，合理引导有序分流；完善接驳与换乘，实现多方式衔接与组织。

5.2.3 微观层面

优化横断面设计，完善侧分带出入口设计，规范沿线单位出入口设置，完善公交站台、公共自行车租赁点以及其他交通设施的细部设计，遵循以人为本、公交优先、高效畅行的设计理念，全面提升道路品质。

5.3 交通整治策略

快环沿线基本开发成熟，整治改造势必对周边及区域交通造成较大的影响，而目前南宁市正处在交通基础设施建设高潮节点，不论是快环内路网整治优化，还是快环外路网建设完善，都需要一个长期的发展过程，而且建设的过程中也会进一步加剧交通拥堵，因此整治行动方案的制定应基于现有道路资源利用效率的最大化上。

5.3.1 向资源整合要效率

①充分利用现有路网进行挖潜，通过出入口改造优化、既有建设项目同步开展整治改造、利用平行通道优化局部路段或节点整治等工作，提高快环通行效率，有步骤有计划地推进快环整治改造工程。

②加快平行通道建设，一方面分流快环交通压力，缓解快环拥堵局面；另一方面为后期路段优化和节点整治提供疏解通道。

5.3.2 向交通管理要效率

①加强快环及周边区域的交通组织，通过优化交通组织、节点优化等手段，提高道路通行效率。

②进一步深化研究快速路交通管理模式，如出入口流量控制等，从而保障快速路快速高效功能。

③完善快环沿线标志、标线、监控设施等交通管理设施，规范行车秩序，减少交通事故的发生，从而提高快环运行效率。

④建设智能交通管理系统，发布实时路况信息，合理引导车辆多方向分流；建设突发事件检测系统，提高事故应对与处理能力。

5.3.3 向施工管理要效率

快环整治改造是一个系统工程，涉及建设工程多，是一个长期优化与完善工程，既要保证正常交通的通行，又要合理安排工程建设，因此施工管理与控制就显得尤为重要。

①结合“十三五”建设计划与项目整治措施，合理安排建设计划，包括出入口优化、节点优化与疏解通道建设以及附属设施完善等，减少对沿线交通影响。

②对各项目建设进度进行监督与控制，加快推进项目实施，尽早结束项目施工，尽量减轻对区域交通的影响。

③对项目施工围挡进行定期梳理，并严格按照项目施工交通组织方案进行施工便道建设，使道路在施工期间通行能力下降的情况下，也能保证道路通达。

④对施工临时占道进行严格管理和控制，施工临时占道及施工交通疏解方案需制订详细方案。

5.4 交通整治区段划分

现状快环位于南宁市中心城区，由七条道路（秀厢大道、厢竹大道、竹溪大道、白沙大道、南站大道、沙井大道及清川大道）和两座桥（葫芦鼎大桥和清川大桥）围合而成，是中心圈层与外围圈层分界线，也是各大组团和片区的边界线，成为连接各大组团的快速通道。

不同路段所属区位不同，沿线土地利用也不同，如秀厢大道属于城北组团，两侧以居住和储运功能为主，沿线分布了居住小区和各类的专业市场（包括建材市场、农用机械市场、机电市场、汽车市场等），而竹溪大道属于青秀组团，两侧以居住和公共服务为主，沿线分布大量商业、公建和居住小区，因此，本次区段划分以区位和沿线交通特征相似为主要依据，同时结合南宁市综合交通规划已划分的南宁市交通地带以及交通大区的情况，尽可能充分利用天然地形、铁路、城市过江通道等屏障和已建成的快速路及主、次干道路网作为本次分段的划分边界，将现状快速环路划分为四段：

东环：厢竹大道（邕宾立交节点）—竹溪大道（葫芦鼎大桥）

北环：秀厢大道（邕宾立交节点—大学清川路口）

西环：清川大道（大学清川路口）—沙井大道（南站立交节点）

南环：白沙大道（葫芦鼎大桥）—南站大道（南站立交节点）

图 5-1 是南宁市快速环路分段示意图。

图 5-1　南宁市快速环路分段示意图

5.5　各段整治思路分析

5.5.1　东环交通整治思路

1）用地情况分析

厢竹大道和竹溪大道两侧用地多为居住、办公和商业用地，还分布有大型公建南宁国际会展中心、大型公交枢纽站竹溪立交站、大型商圈琅东商圈，包括民族广场、五象广场、民歌广场和会展中心。随着凤岭片区开发成熟，琅东凤岭新中心逐渐形成，从而带动东环沿线的开发强度进一步增强。如厢竹大道广西药用植物园附近正处在大规模开发阶段，沿线荣和悦澜山和万科城等大型居住楼盘正在建设，开发强度都较大，交通需求进一步扩大，这给现状快环带来了新的挑战，见图 5-2、图 5-3。

2）交通情况分析

现状东环与周边区域路网形成"一纵八横"的路网骨架，其中一纵即为现状东环（厢竹大道—竹溪大道），作为南北向重要联系通道，八横分别为昆仑大道、长虹路、东葛路、长湖路、民族大道、越秀路、青山路和江北大道，见图 5-3。

根据现状交通调查，厢竹大道和竹溪大道双向高峰小时流量突破 10000pcu/h，其中厢竹大道（广西药用植物园段）高峰小时达到 12510pcu/h。竹溪大道服务水平达到 D 级，厢竹大道服务水平达到 E 级，饱和度已接近 1.0，晚高峰交通拥堵成常态，见表 5-1 和图 5-4。

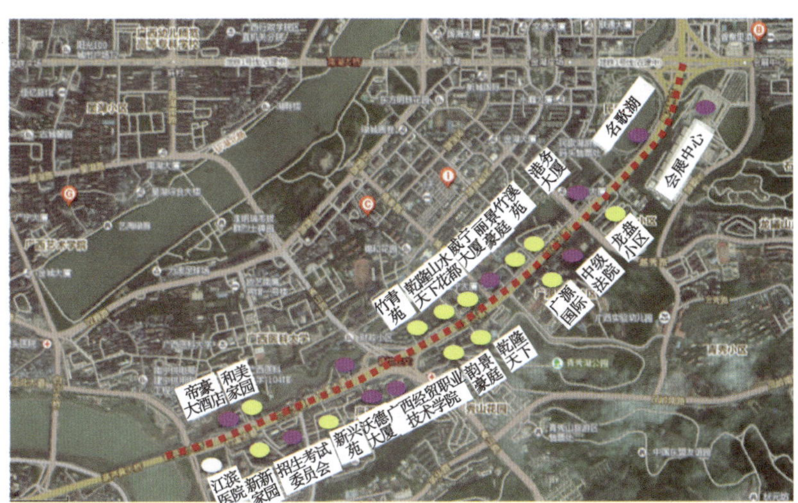

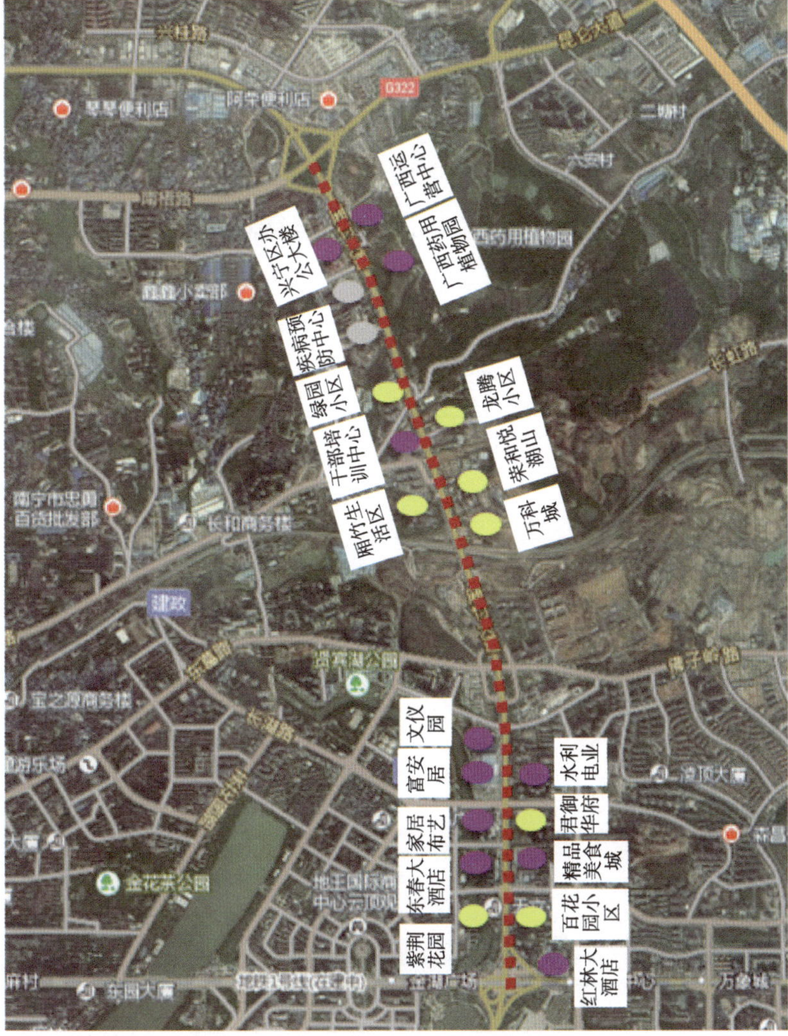

图 5-2　现状快速环路东段用地开发情况

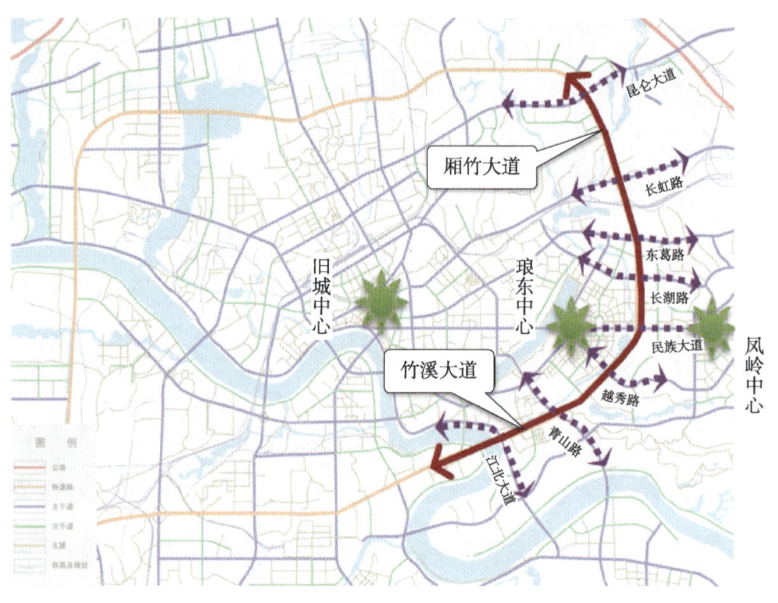

图 5-3　现状快速环路东段与周边路网衔接示意图

典型断面交通服务水平分析　　表 5-1

序号	道路名称	双向高峰小时流量（pcu/h）	饱和度（V/C）	服务水平等级
1	竹溪大道（法院）	9398	0.73	C
2	竹溪大道（会展）	10879	0.85	D
3	厢竹大道（长湖）	10974	0.86	D
4	厢竹大道（药园）	12510	0.98	E

注：流量数据为 2016 年 3 月 22 日现状调查所得。

图 5-4　现状快速环路东段交通服务水平分析图（以厢竹大道为例）

3）存在问题与困难

随着凤岭片区不断开发成熟，凤岭中心与旧城、琅东片区等组团的联系进一步加强，东环交通拥堵将进一步加剧。综合上述分析，主要存在以下问题：

①沿线高强度开发，造成区域交通与过境交通叠加，交通流高度集中。

从竹溪大道和厢竹大道沿线土地利用情况看，主要以居住和商业配套服务为主，这样高强度开发造成区域交通与过境交通相互叠加，交通流高度集中，严重制约东环快速路功能的充分发挥。

②区域路网南北向通道不足，东环交通压力将持续增大。

从区域路网看，周边南北向联系通道较少。东环西侧 1.6km 只有双拥路——滨湖路，东侧 0.45km 有会展路，但等级较低通行能力有限，现状东环是该区域目前主要的南北向通道，未来随着五象新区开发成熟，南北向交通联系进一步增加，东环交通压力将持续增大。

③受东环阻隔和节点制约，区域东西向联系不畅。

从现状路网看，旧城区经过琅东新区至凤岭片区东西向的联系通道已较为密集，但这些东西向的通道与快环节点大部分为菱形跨线立交或部分互通立交，而完全互通的节点少，导致东西联系不畅。凤岭新区东西向交通流需汇集到东环后经竹溪立交转输到最主要的东西向通道——民族大道，进一步增加了东环的交通压力。

④侧分带和沿线单位出入口设置不尽合理，影响东环交通正常运行。

受沿线土地开发的影响，两侧聚集了大量居住和商业服务用地，使得大量交通流汇集到现状东环上，而且为了车辆方便进出这些居住区和商业区，竹溪大道上侧分带和沿线单位出入口密集，且设计不尽合理，严重影响快环主道和辅道交通的正常运行。

4）整治思路与方法

①近期采用“以区域路网完善为主、自身局部优化为辅“的整治思路。

从现状路网和交通运行情况看，现状东环（厢竹大道和竹溪大道）不仅承担着五象新区与旧城区南北向重要联系功能，还担负着东西向联系的转换通道功能，但现状路网中缺乏平行通道来分流整治改造期间的交通流，因此现状东环自身近期不宜动“大手术”，只能开展微创小手术以解决重点问题，重点应从区域交通系统出发，进一步完善区域路网，一方面为现状东环分流交通流，另一方面也为今后东环的整治提供疏解通道，见图 5-5。

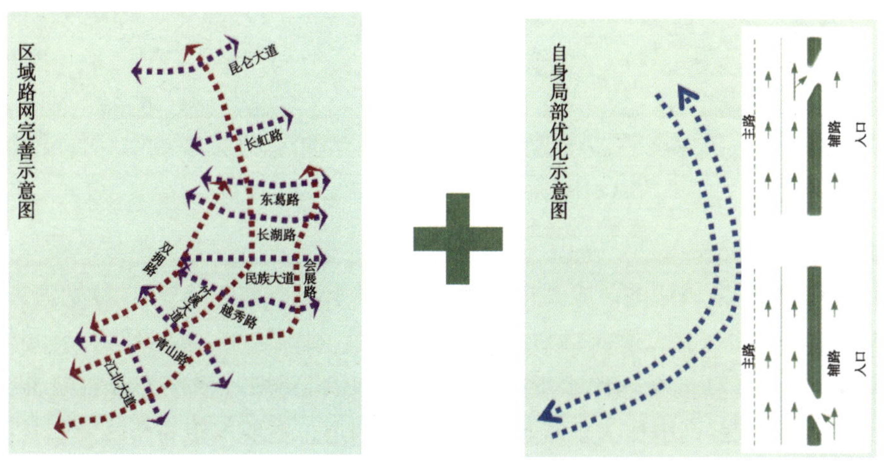

图 5-5　现状快速环路东段近期整治模式示意图

②远期采用“以自身扩容提速为主，区域交通管理为辅”的整治思路。

经过上述近期路网建设，区域路网得以相对完善，分流了部分交通。但由于现状东环（厢竹大道和竹溪大道）独特的地理人文因素，决定了它所承担的功能也将更加复合化。东环不仅要承担大量的长距离过境交通，而且还要承担沿线高强度地块开发建设产生的区域交通。就目前通行能力看，现状局部路段交通已饱和，剩余承载力已接近0，远期随着五象新区的开发建设，南北向交通需求将进一步增大，因此远期宜采用高架扩容或平面扩容的方式提升自身通行能力，以满足未来城市发展的需要。同时配合区域交通管理手段，控制交通需求，从而实现交通畅通有序的目标。

5.5.2 北环交通整治思路

1）用地情况分析

北环属于城北组团，该组团承担了南宁市的居住和储运功能，沿秀厢大道两侧分布了各类的专业市场（包括建材市场、农用机械市场、机电市场、汽车市场、旧货市场等）。秀厢大道局部路段分布了领标科技园、广西大学科技园等大型园区，通过快环通行的交通需求较大，尤其随着高新片区开发的进一步深入、安吉片区旧城改造的推进，东西向联系将进一步增强，快环的交通压力将进一步增大，见图5-6。

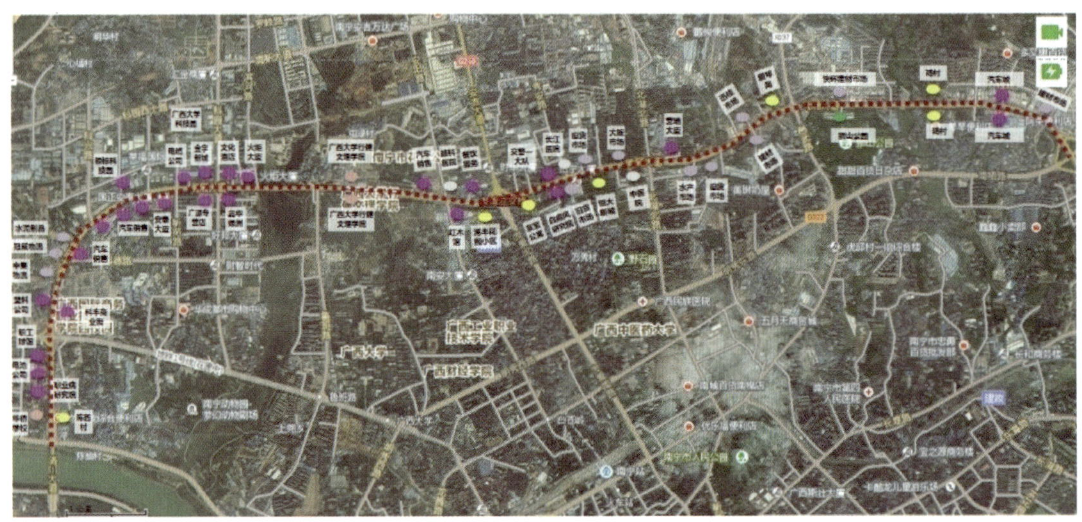

图5-6 现状快速环路北环沿线用地开发情况

2）交通情况分析

现状北环与周边区域路网形成“三横六纵”路网骨架，其中“三横”分别为秀厢大道、大学路—明秀西路和江北大道，“六纵”为清川大道、科园大道、鲁班路、友爱路、北湖路和邕武路。目前东西向快速路也正在建设，建成后将新增一横作为东西向快速分流通道。秀厢大道在区域路网中作为东西向重要的联系通道，主要承担高新区、西乡塘区和兴宁区与琅东、凤岭东片区的联系，见图5-7。

图 5-7　现状快速环路北段与周边路网衔接示意图

根据现状交通调查，秀厢大道双向高峰小时流量约为 10000pcu/h，服务水平达到 D 级，晚高峰断面双向剩余承载力不足 1500pcu/h，见表 5-2 和图 5-8。

典型路段交通服务水平分析　　表 5-2

序号	道路名称	双向高峰小时流量（pcu/h）	饱和度（V/C）	服务水平等级
1	秀厢大道（鸡村）	11234	0.88	D
2	秀厢大道（北湖）	11136	0.87	D
3	秀厢大道（西大）	9877	0.77	D

图 5-8　现状快速环路北环交通服务水平分析图（以秀厢大道为例）

根据现状交通调查数据，并进行仿真分析，得出北环典型交叉口延误均较大，服务水平均为 E 级以上，其中科园立交地面层交叉口延误达到了 111.3s，交叉口通行效率较低，见表 5-3 和图 5-9。

北环典型交叉口交通服务水平分析　　表 5-3

序号	节点名称	交叉口延误（s）	服务水平等级
1	大学清川路口	62.56	E
2	科园立交地面层	111.3	F
3	秀灵立交地面层	91.9	F
4	友爱立交地面层	100.9	F
5	北湖立交地面层	91.6	F
6	邕武立交地面层	81.2	F

注：流量数据为 2016 年 3 月 22 日现状调查所得。

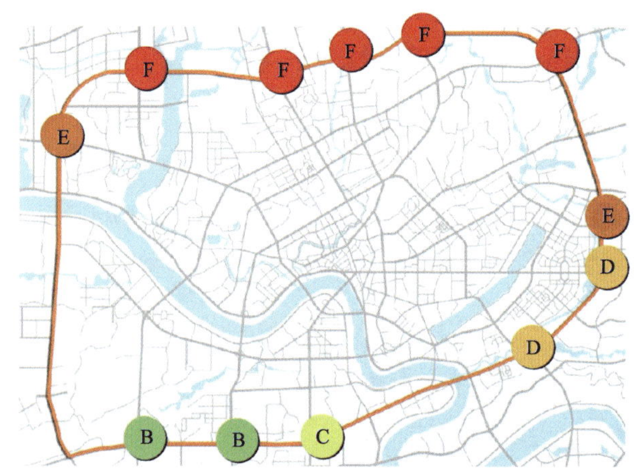

图 5-9　现状北环主要节点服务水平

从上述交通运行情况看，北环主要节点饱和度较高，服务水平均在 D 级以上，部分交叉口服务水平达到 E 级或者 F 级。尤其是高峰时段拥堵频发，形成了制约路网整体通行效率的瓶颈。主要由于大部分交通节点均为菱形立交，地面层平面交叉口交通流量非常大，通行能力不足，导致车辆延误大。另外，北环两侧受大地块、铁路、城中村等分布的影响，主干道分布不均，出现北疏南密的现象。尤其是友爱和大学片区的北侧，东西向联系通道仅有明秀路与秀厢大道 2 条，且两条道路南北向间距较远（约 2km），中间仅有 1 条秀田路次干道承担区域交通，东西向联系通道明显不足，严重制约北环的通行效率。

3）存在问题与困难

①区域路网平行通道不足，是造成北环交通拥堵的重要原因之一。

从区域路网看，周边东西向联系通道不足。尤其南侧聚集大量城中村和大中专院校、医院等大型交通流源点，但明秀路与秀厢大道中间近 2km 却无一条南北向主干道，缺乏平行分流通道是造成北环拥堵的重要原因之一。

②沿线节点通行能力不足，是制约北环整体通行效率的瓶颈。

北环沿线主要节点均为菱形立交，快环主道的交通运行效率虽不受影响，但地面层各个方向交通流较大，且受桥墩、视线较差等因素影响，车辆延误大大增加，造成通行效率低下，成为制约北环整体通行效率的瓶颈。

③沿线存在交通事故黑（多发）点，严重影响交通安全。

北环沿线存在友爱立交、秀厢秀安路口、邕武立交、邕宾立交这几个交通事故黑（多发）点，主要原因是转弯大型车较多，地面层交通秩序混乱等。如大型货车及泥头车转弯时存在视线盲区极易与电动车相撞，行人横过道路未走人行横道或过街设施等。

4）整治思路与方法

北环除高新区外，大部分为老城区，存在不少城中村，旧城改造推进实施难度较大，近期增加平行通道的可行性较低。而现状交通拥堵问题十分严峻，必须结合成因对症下药，重点整治。因此近远期主要从实施可行性和实施效果两方面重点考虑，具体如下：

①近期采用“以打通平行通道与局部节点整治相结合”的整治思路。

北环近期主要以沿线节点整治为主，提升节点通行能力，打破环线节点瓶颈。北环沿线的 5 个主要节点饱和度均较高，需要优化整治，且北环线以南区域是高强度开发区，分布有密集的城中村、大中专院校和医院等大型公建、大型居住小区，须考虑交通疏解的需要，所以 5 个节点宜结合交通组织，需分期实施改造。同时，近期宜同步开展沿线侧分带出入口整治，为远期节点进一步优化挖掘疏解通道。

②远期采用“节点进一步优化为主，区域交通管理为辅”的整治思路。

远期结合旧城改造、区域品质提升建设，进一步优化节点，并结合北环两侧开发情况规划新建立交节点，提升节点通行效率。同时配合区域交通管理手段，控制交通需求，从而实现交通畅通有序的目标。

5.5.3 南环交通整治思路

1）用地情况分析

南环属于江南组团，该组团定位于市级文化中心、制造业基地、区域交通枢纽与物流中心和花园式居住新城。白沙大道沿线形成江南居住带；并在白沙大道—南站大道形成汽车销售一条街。随着南宁市经济技术开发区和大沙田片区开发，白沙大道交通量大幅增长。同时，随着五象新区开发建设，白沙大道的通过性交通将会逐步增强，见图 5-10。

2）交通情况分析

现状南环与周边区域路网形成“三横五纵”的路网骨架，其中“三横”分别为白沙大道—南站大道、金凯路和五象大道，“五纵”为沙井大道、壮锦大道、南建路、星光大道和亭江路。目前白沙大道在区域路网中作为东西向重要联系通道，是连接江南组团和琅东、凤岭片区的主要通道，同时也是连接白沙大桥通往旧城中心的主要通道之一，见图 5-11。

图 5-10　现状快速环路南环沿线用地开发情况

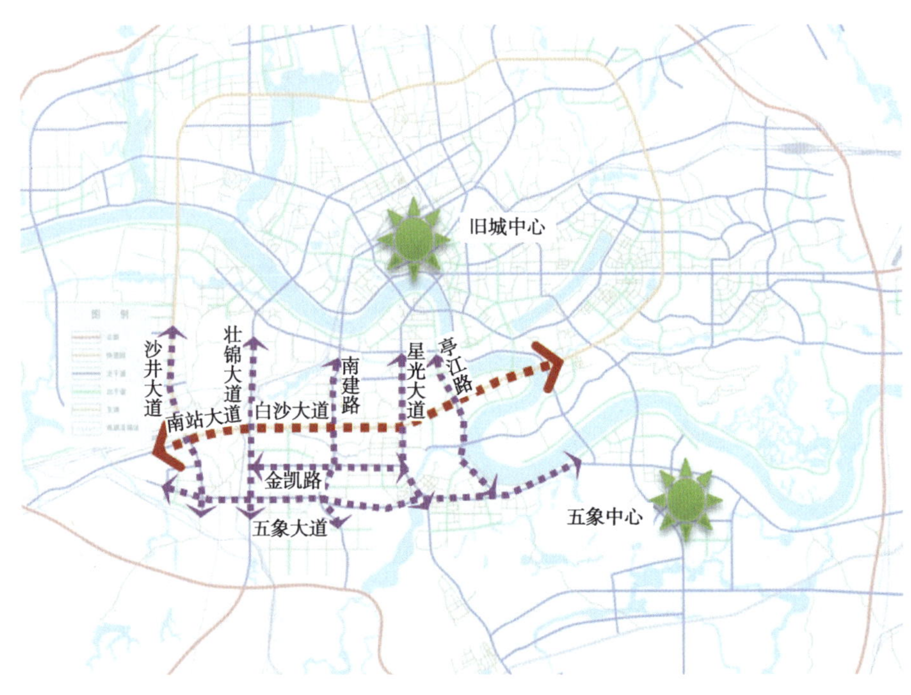

图 5-11　现状快速环路南段与周边路网衔接示意图

近几年随着江南组团和经开区的开发建设，南环沿线立交的建成，白沙大道交通流量增长迅速。根据现状交通调查，白沙大道南国花园段双向高峰小时流量为 8551pcu/h，服务水平达到 C 级，星光大道以西相对较小，高峰小时双向流量为 4909pcu/h。星光大道以东段公交出行需求明显，公交线路较多，见表 5-4 和图 5-12。

典型路段交通服务水平分析　　表 5-4

序号	道路名称	双向高峰小时流量（pcu/h）	饱和度（V/C）	服务水平等级
1	白沙大道（南国花园）	8551	0.67	C
2	白沙大道（普罗旺斯）	4909	0.38	B

注：流量数据为 2016 年 3 月 22 日现状调查所得。

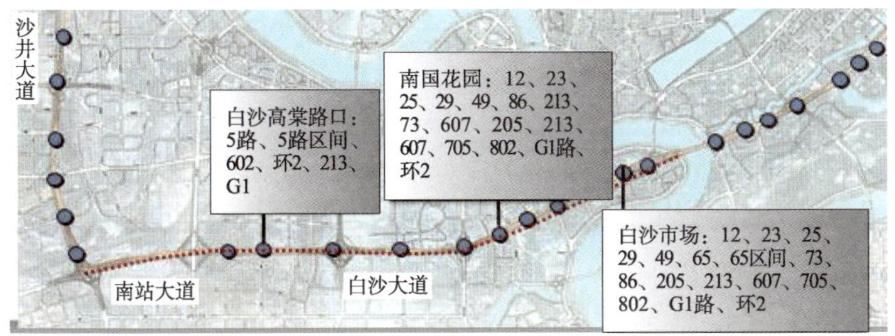

图 5-12　现状快速环路南环公交线路分布图（以白沙大道为例）

从上述交通运行情况看，南环星光大道以西总体运行较好，而星光大道以东段早晚高峰流量较大，导致运行速度有所降低，但总体相对稳定。南环是目前现状快环全线运行效率最高的路段。这主要得益于近几年沿线白沙壮锦立交、白沙友谊立交、白沙星光立交和白沙亭江立交的建设，为南环的高效运行提供了有利条件。

3）存在问题与困难

南段总体运行相对稳定，但随着城市发展和沿线不断开发，也存在以下问题：

①现状横断面无法适应公交专用道的建设需求。

现状辅道过窄，无法满足公交专用道的设置需求，且局部路段路侧绿化带预留宽度窄，道路没有拓宽的空间，而公交都市建设规划和南宁市公交专用道研究中都提出了预留公交专用道的要求，现状道路横断面无法适应公交专用道的建设需求。

②部分公交站点设在侧分带上，存在较大的安全隐患。

白沙大道（白沙桥南—南建路）横断面与其他路段不同，辅道仅有 1 条机动车道和 1 条非机动车道，因此现状公交在主道上通行，公交站点设置在侧分带上，这就造成行人需穿越辅道乘车，使得行人与大量电动自行车交通相互交织，存在较大的安全隐患。

③沿线单位出入口不规范，影响辅道的正常运行。

白沙大道目前已形成汽车销售一条街，沿线分布不少汽车销售公司开设出入口较多，且部分不尽合理，严重干扰辅道的正常运行，尤其是南建路以东段，辅道较窄，出入口车辆的进出对辅道干扰较大。

4）整治思路与方法

南环沿线地块主要是近几年开发建设的，且南环作为南宁市精品线路之一的标准建设，沿线建筑风貌、景观绿化以及交通设施建设各方面都较好，因此南环主要结合远期公交系统建设需求以及沿线出入口优化等方面进一步规范与完善。

①近期采用“以侧分带和沿线单位出入口整治为主、增加平行通道为辅”的整治思路。

近期主要以侧分带出入口和沿线单位出入口整治为主，南建路以东的南环，由于交通流量较大，出入口进出的车辆对主线车流干扰较为显著，对交通运行影响较大，是整治的重点路段。同时，完善周边区域路网，增加平行分流通道，提升区域路网东西向承载能力，为远期交通发展预留空间。

②远期采用“预留公交专用道为主，区域交通管理为辅”的整治思路。

白沙大道是江南组团、良庆组团和经开区经白沙大桥通往旧城区和经葫芦鼎大桥通往凤岭新区的共同联系通道，公交出行需求较大，因此远期预留公交专用道以提升公交运行效率。结合区域路网完善后，建设公交专用道并将公交站台调整至人行道上，结合周边条件尽可能建设港湾式公交车站。同时配合交通管理手段引导机动车向周边路网分流。

5.5.4　西环交通整治思路

1）用地情况分析

西环的沙井大道两侧正处在开发阶段，尚有不少未开发用地。目前主要集中分布有华南城展示展销中心、江南华府和融昇公园大地等。东盟博览会的召开，带动了华南城区域的快速发展，另外随着富宁、沙井片区逐步开发建设，未来沙井大道中部将形成南宁市制造业基地、区域交通枢纽与物流中心，届时沙井大道的交通量将有大幅增长。另外，西环的清川大道沿线分布有建材市场、城中村以及华侨学校等，见图 5-13。

2）交通情况分析

现状西环与周边区域路网形成“三横四纵”的路网骨架，其中“三横”即为五一路、亭洪路和白沙大道—南站大道，作为东西向重要联系通道，“四纵”分别为沙井大道—清川大道、壮锦大道、南建路和星光大道。目前由于亭洪路仅有东段，因此东西向联系功能有限。而沙井大道—清川大道在区域路网中作为重要南北向通道，不仅承担江南组团沙井片区、富宁片区与高新、西乡塘区便捷的南北向联系，而且还是江南物流园与安吉物流园重要联系通道。

根据现状交通调查，沙井大道融昇公园大地段双向高峰小时流量为 5248pcu/h，清川大道华侨学校段双向高峰小时流量为 6792pcu/h，服务水平为 B 级，交通运行总体较好。但由于大货车交通量较大，由此影响交通运行速度，因此实际服务水平有所下降。另外，沙井大道段交通秩序较为混乱，行人乱穿马路、非机动车秩序混乱等违规现象普遍存在，交通事故黑（多发）点较多。在公交设施配套上，公交线路较少，这与当前沿线用地尚未完全开发有关，见图 5-14、图 5-15 和表 5-5。

图 5-13　现状快速环路西段用地开发情况

典型断面交通服务水平分析　　表 5-5

序号	道路名称	双向高峰小时流量（pcu/h）	饱和度（V/C）	服务水平等级
1	沙井大道（融昇）	5248	0.41	B
2	清川大道（华侨）	6792	0.53	B

注：流量数据为 2016 年 3 月 22 日现状调查所得。

图 5-14　现状快速环路西段与周边路网衔接示意图

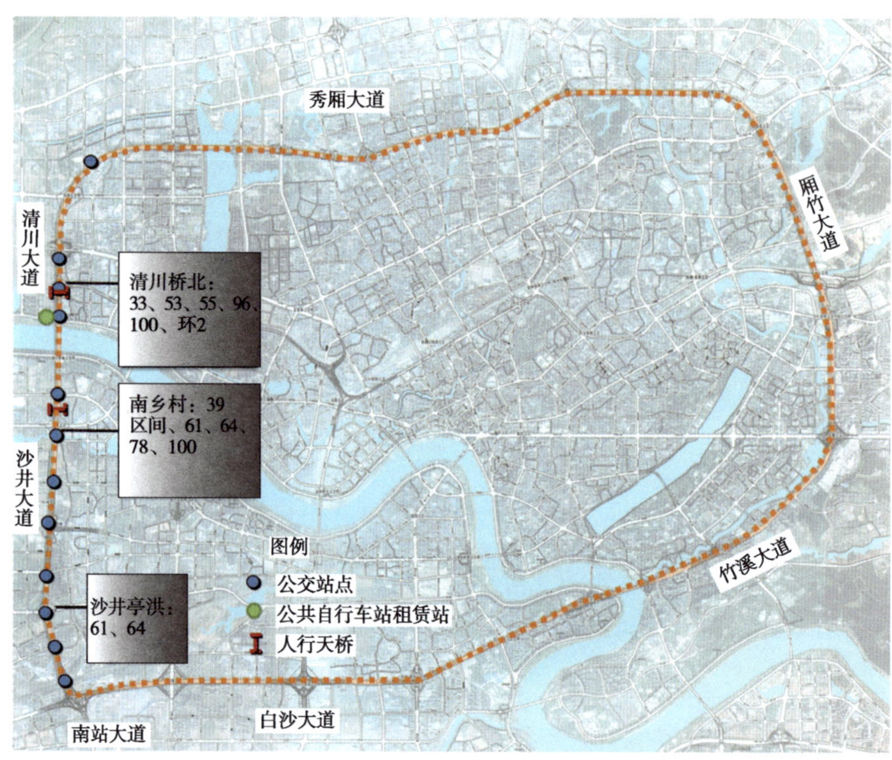

图 5-15　现状快环西段慢行及公交设施分布图

3）存在问题与困难

①沿线慢行设施相对匮乏，慢行环境有待于进一步改善。

沙井大道和清川大道沿线慢行设施（如人行过街天桥）匮乏，公共自行车租赁站仅有1个，人行道路面存在破损现象，绿化景观效果较差，总体慢行环境有待进一步改善。

②区域公交服务水平不高，公交出行不便。

沙井大道沿线途径公交线路较少，公交站点周边缺乏配套人行过街设施，因此导致公交出行不便。

③侧分带和沿线单位出入口设置不规范，管理不到位。

沙井大道和清川大道两侧沿线部分单位出入口设置不尽合理，由于沿线未设置监控设施，侧分带出入口使用不规范，管理不到位。

4）整治思路与方法

①近期采用“以区域路网完善为主、自身局部优化为辅”的整治思路。

从现状路网和交通运行情况看，现状西环目前交通流量较小，沙井大道总体服务水平较高。因此近期重点以区域路网优化完善为主，为富宁片区、沙井片区开发建设创造交通条件。同时，进一步优化出入口设置，规范出入口使用，使得交通组织更加有序。

②远期采用“以节点优化完善为主，区域交通管理为辅”的整治思路。

经过近期路网建设，区域路网相对完善，远期随着五一路、亭洪路向西打通后，进行立交节点和渠化设计，优化区域路网交通组织，加强交通管理，提升西环交通通行效率。

6 整治对策与措施

6.1 交通综合整治原则

1）挖掘潜力，增容提速

挖掘既有道路潜力，积极探索增容渠道，提升道路承载能力。

2）远近结合，统筹兼顾

近期以局部整治为主，规划远期控制，统筹兼顾有效衔接。

3）管理先行，创新体制

优化交通管理手段，创新管理机制，控制交通需求增长。

6.2 区域路网完善

6.2.1 路网完善必要性分析

1）路网建设推进缓慢，缺乏轴向交通通道

（1）东环区域路网

研究区域涉及琅东、凤岭、东沟岭、金桥、柳沙五大片区，各片区功能定位不同，现状道路建设条件不一。各片区的现有主要交通通道为"六横七纵"，而根据《南宁市城市总体规划（2010—2020）》，到2020年规划主要通道为"七横八纵"。目前，除琅东、凤岭、柳沙片区路网基本成型外，东沟岭、金桥片区路网与2020年规划路网存在较大差距。研究区域缺乏南北向交通通道，东西向快速路推进速度缓慢，片区间交通转换需依靠邕武、竹岭、竹溪、青竹立交完成交通转换。随着快环以东三塘、五塘及火车东站片区的开发，研究区域作为城市内外环的衔接地带，需对现状路网能否适应未来城市发展进行分析，见图6-1。

（2）北环区域路网

研究区域涉及东沟岭、金桥、安吉、友爱、高新、陈村、五里亭七大片区，各片区功能定位不同，现状道路建设条件不一。各片区的现有主要交通通道为"三横五纵"，而根据《南宁市城市总体规划（2010—2020）》，到2020年规划主要通道为"五横八纵"。现状

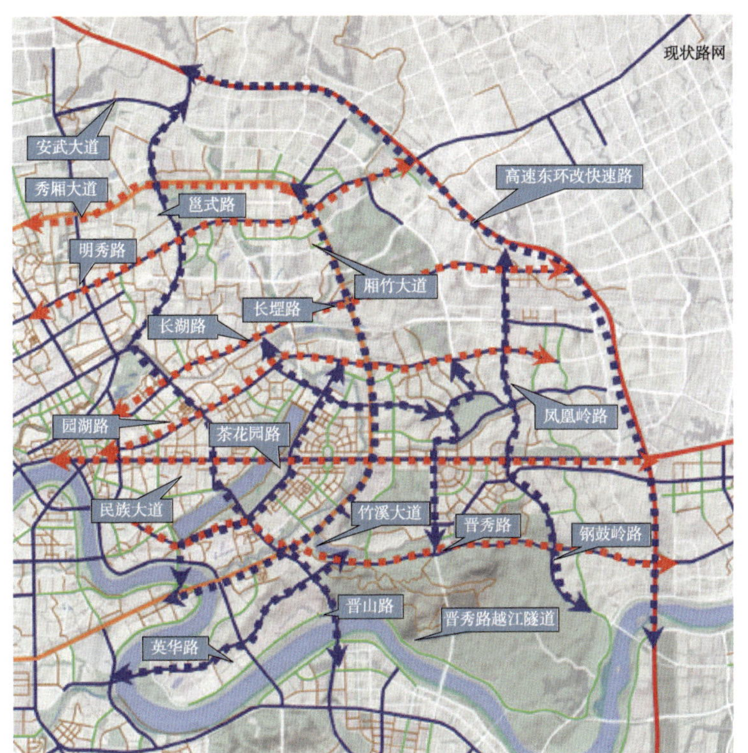

a)现状“六横七纵”路网

b)规划“七横八纵”路网

图 6-1　东环现状“六横七纵”路网及规划年“七横八纵”路网

路网与 2020 年规划路网存在较大差距。各片区内均有大量主次干道处于规划或建设中，现状缺乏东西向、南北向通道，片区间均需依靠邕宾、邕武、北湖、友爱、科园立交完成交通转换。随着快环以东三塘、五塘快速开发及快环以北老城组团的改造提升，研究区域作为城市内外环的衔接地带，需对现状路网能否适应未来城市发展进行分析，见图 6-2。

a)现状“三横五纵”路网

b)规划“五横八纵”路网

图 6-2　北环现状“三横五纵”路网及规划年“五横八纵”路网

（3）南环区域路网

研究区域涉及那洪、富宁、亭洪三大片区，各片区功能定位不同，现状道路建设条件不一。各片区的现有主要交通通道为“四横五纵”，而根据《南宁市城市总体规划（2010—2020）》，到 2020 年规划主要通道为“五横六纵”。现状路网与 2020 年规划路网存在较大差距。各片区内均有大量主次干道处于规划或建设中，尤其是东西向通道断头路多，片区间均需依靠白沙星光、白沙亭洪、白沙南站、白沙壮锦立交完成交通转换。随着快环以西沙井组团内富士康的开发、快环以东五象新区的开发及快环以北老城组团的改造提升，研究区域作为城市内外环的衔接地带，需对现状路网能否适应未来城市发展进行分析，见图 6-3。

a)现状“四横五纵”路网

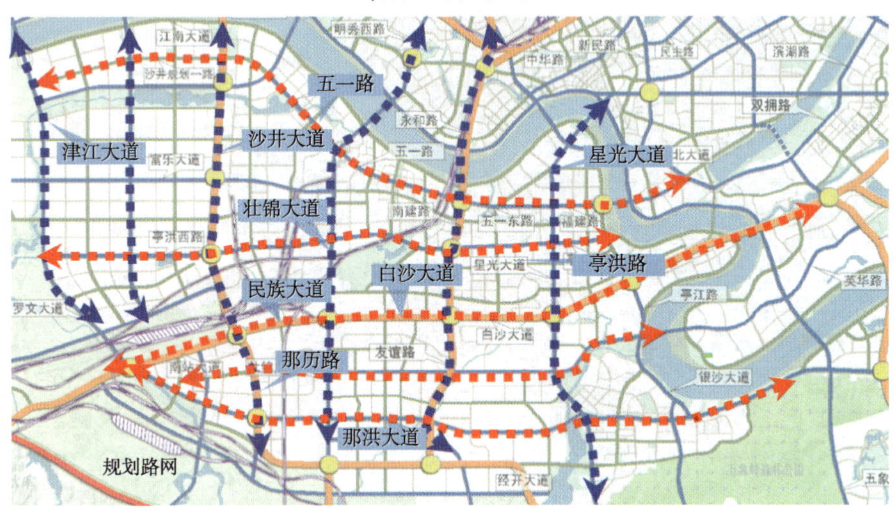

b)规划“五横六纵”路网

图 6-3　南环现状“四横五纵”路网及规划年“五横六纵”路网

（4）西环区域路网

研究区域涉及沙井、那洪、富宁三大片区，各片区功能定位不同，现状道路建设条件不一。各片区的主要交通通道为“六横四纵”，而根据《南宁市城市总体规划（2010—2020）》，到 2020 年规划主要通道为“八横六纵”。现状路网与 2020 年规划路网存在较大差距。由于铁路的阻隔，三个片区内都有大量主次干道处于规划或建设中，现状缺乏东西向断头，南北向通道缺乏，片区间交通转换均需依靠沙井五一路口、沙井立交、南站立交完成转换。随着快环以西沙井组团内富士康的开发、快环以北老城组团的改造提升，研究区域作为进入城市的外围区域，需对现状路网能否适应未来城市发展进行分析，见图 6-4。

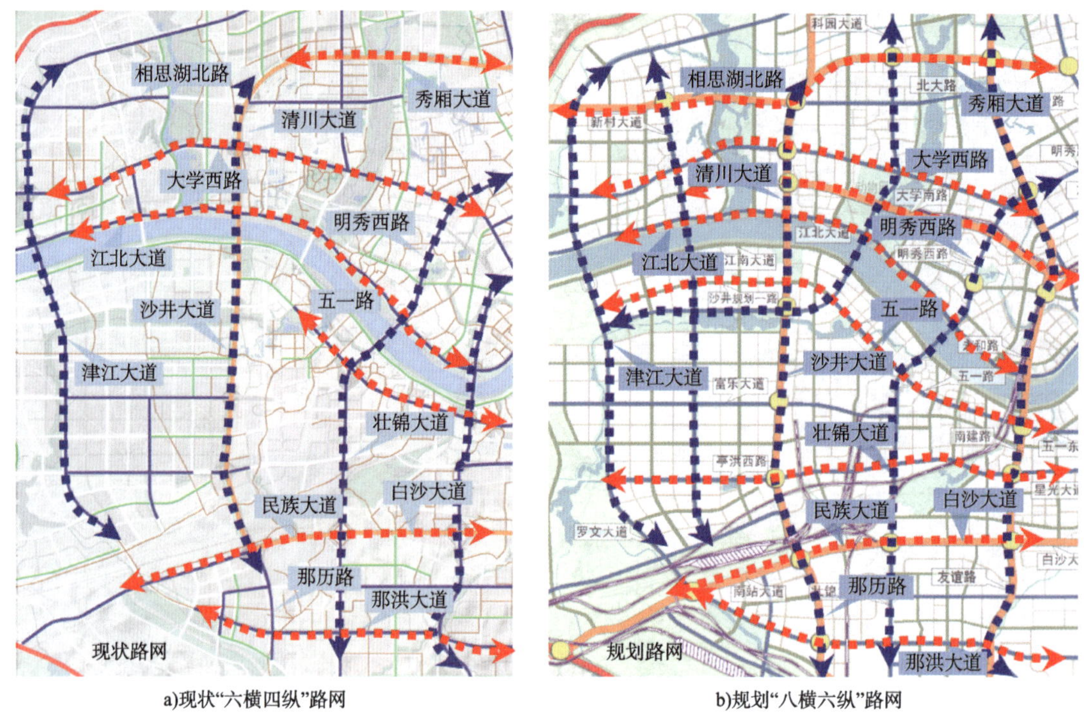

a)现状“六横四纵”路网　　b)规划“八横六纵”路网

图 6-4　西环现状“六横四纵”路网及规划年“八横六纵”路网

2）区域内地块开发将诱增新的交通需求，而疏解通道受限

快环外侧仍有多个地块在开发，内侧则有旧城、棚户、城中村“三旧”改造在同步推进。快环东侧外围有万科城、联发、荣和悦澜山、青秀万达、绿地中央广场等地块的开发，内部有新兴村、凌铁村等城中村改造项目在推进。快环北侧外围有昆仑大道经济带、东沟岭金源城、中海国际社区周边区域在开发，安吉万达片区、高新区东盟信息港等附近地块也在开发中，北侧内部有东沟岭、友爱、陈村、五里亭片区的旧城改造项目在推进。快环西侧外围沙井片区内有中国—东盟商品交易中心以及华南城、翰林名门、融晟公园大地等多个楼盘在建设，内部有富宁片区和沙井片区内的富德村、智和村等旧城改造项目在陆续推进。快环南侧外围有广西医药物流中心及电商物流中心，内部有糖业亭洪片区旧改项目，白沙村、亭子村等城中村项目在推进。这些项目建成后都将产生大量居民出行、商业办公、对外交通等各类交通需求，而诱增交通无法在现有道路找到其他疏解通道，只能通过本已拥堵的现有道路完成交通集散，见图 6-5。

3）区域轨道线建设期间，将降低现有道路通行能力，迫切需要构建疏解通道

研究范围内轨道交通 1 号线于 2016 年底开通，轨道交通 4 号线建设期间对快环沿线影响不大，轨道交通 2、3、5 号线建设期间，对快环沿线区域都有较大影响，部分轨道站点施工将导致道路通行能力下降，尤其是 5 号线站点施工将影响东西干道明秀路、南梧大道及南北向干道壮锦大道的交通通行；特别是快环北环、西环平行通道较少，轨道 5 号线施工将对北环及西环造成极大影响。

图 6-5 研究区域主要交通诱增点

因此，从轨道站点占道施工将导致现状快环通行能力下降的角度出发，需对现状路网进行完善，见图 6-6。

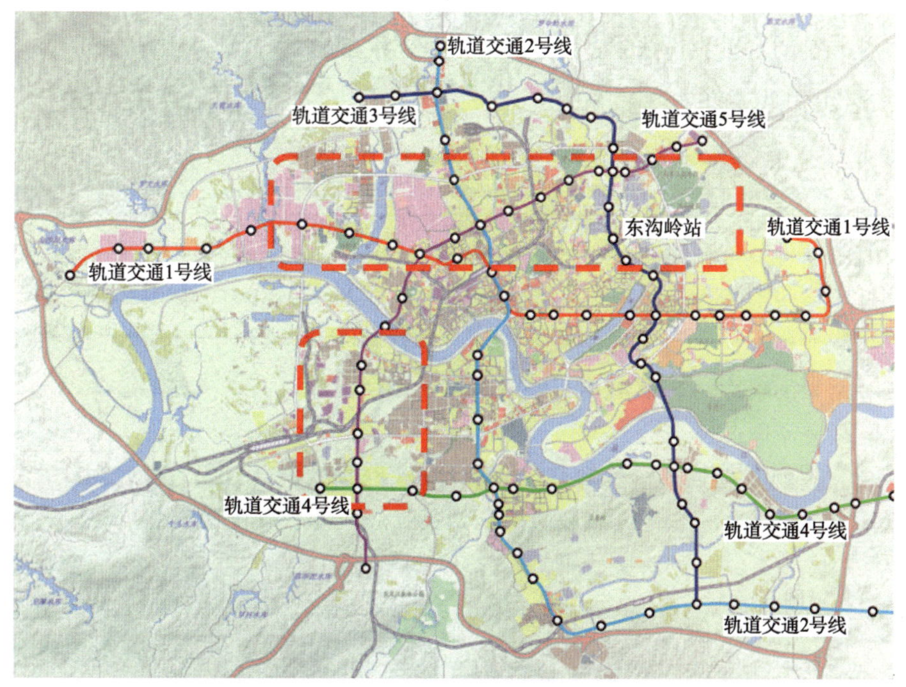

图 6-6 轨道 3、5 号线站点周边疏解通道有限及部分站点附近无道路

综上所述，现状路网与2020年的规划路网相比存在较大差距，区域内周边地块将产生大量交通需求，同时轨道线施工期间将进一步加剧区域交通拥堵，因此区域路网迫切需要新增骨架路网和完善片区内部路网。

6.2.2 区域路网完善方案

1）骨架路网建设

结合区域路网功能分析以及现有道路交通运行情况，区域交通拥堵症结主要为道路建设滞后，骨架网络不完善，通道单一，导致交通过度集中于快环、南梧大道—明秀路等几条主要通道，同时主通道交通转换能力有限，造成区域交通拥堵。区域路网改善首先需结合控制规划研究及城建规划，加快已规划道路建设工作，完善骨架路网结构。

分流通道可分为一级疏解通道、二级疏解通道两种层次。

一级疏解通道：侧重于近端疏解快环沿线过境交通及周边用地集散。

二级疏解通道：侧重于从远端疏解分流快环交通走廊长距离过境交通。

（1）东环分流通道

结合现状路网及规划路网，可形成一级疏解分流通道3条，二级疏解分流通道4条（表6-1）。

厢竹大道—竹溪大道分流疏解通道 表6-1

道路名称	一级疏解通道	二级疏解通道
厢竹大道	• 茶花园路延长线（建兴路） • 虹桥路—金桥路 • 兴和路	• 长湖路延长线（建安路—沙江路）—长湖路 • 望园路 • 外东环改快速路
竹溪大道	• 茶花园路—教育路及延长线 • 月湾路—景秀路—青秀路—青秀路越江隧道 • 兴和路—滨湖路—双拥路	• 外东环改快速路 • 凤凰岭路—铜鼓岭路

一级疏解通道：茶花园路延长线（建兴路）—茶花园路—教育路及延长线；金桥路—虹桥路—月湾路—景秀路—青秀路—青秀路越江隧道；兴和路—滨湖路—双拥路。

二级疏解通道：长湖路延长线（建安路—沙江路）—长湖路、望园路、外东环改快速路、凤凰岭路—铜鼓岭路。

（2）北环分流通道

结合现状路网及规划路网，可形成一级疏解分流通道5条，二级疏解分流通道3条（表6-2）。

一级疏解通道：德川路—科德路、安峰路—乐安街、兴东路—秀田路、吉兴东路—吉兴西路、金桥路—安武大道—高新大道。

二级疏解通道：东西向快速路、大学路—衡阳西路—衡阳东路、民主路—长堽路—长虹路。

秀厢大道分流疏解通道 表 6-2

道路名称	一级疏解通道	二级疏解通道
秀厢大道	• 德川路—科德路 • 安峰路—乐安街 • 兴东路—秀田路 • 吉兴东路—吉兴西路 • 金桥路—安武大道—高新大道	• 东西向快速路 • 大学路—衡阳西路—衡阳东路 • 民主路—长堽路—长虹路

（3）南环分流通道

结合现状路网及规划路网，可形成一级疏解分流通道 3 条，二级疏解分流通道 2 条（表 6-3）。

清川大道—沙井大道分流疏解通道 表 6-3

道路名称	一级疏解通道	二级疏解通道
南站大道	• 亭洪路 • 金凯路	• 锦富路 • 洪历路
白沙大道	• 亭洪路 • 金凯路—凤江路—英华路 • 高棠路—菠萝岭东街—石桥路	• 旱塘路—淡新街—新源街—尧头岭路 • 那洪大道—五象大道

一级疏解通道：亭洪路、高棠路—菠萝岭东街—石桥路、金凯路—凤江路—英华路。

二级疏解通道：锦富路—旱塘路—淡新街—新源街—尧头岭路、洪历路—那洪大道—五象大道。

（4）西环分流通道

结合现状路网及规划路网，可形成一级疏解分流通道 4 条，二级疏解分流通道 3 条（表 6-4）。

白沙大道—南站大道分流疏解通道 表 6-4

道路名称	一级疏解通道	二级疏解通道
清川大道	• 科园大道—科园大道南延长线 • 相思湖东路 • 新村大道—仁义大桥 • 大岭路—陈村路	• 南北向快速路 • 罗文大道 • 丰达路—鲁班路
沙井大道	• 科园大道南延长线—五富街—宣德路—运安路—南乡路 • 仁和路 • 同乐大道	• 南北向快速路 • 西明大桥—三津大道

一级疏解通道：科园大道南延长线—五富街—宣德路—运安路—南乡路、仁和路—相思湖东路、新村大道—仁义大桥—同乐大道、陈村路—大岭路。

二级疏解通道：南北向快速路、罗文大道—西明大桥—三津大道、丰达路—鲁班路。

（5）分流通道建设时序安排

建议分近远期加快建设区域内交通骨架网络，形成上述两级交通疏解通道。

①近期建设通道。

结合城建计划及前面疏解分流通道分析，建议近期开展 20 条道路建设，其中有 14 条为已列入城建计划建议加快建设，3 条为已列入城建计划开展前期工作项目，建议开展前期设计工作，3 条为尚未列入城建计划，建议新增列入建设计划。近期厢竹大道新增 4 条分流通道，竹溪大道新增 2 条分流通道，秀厢大道新增 5 条平行分流通道，清川大道新增 1 条分流通道，沙井大道新增 3 条分流通道，南站大道—白沙大道新增 4 条分流通道，见图 6-7 和表 6-5。

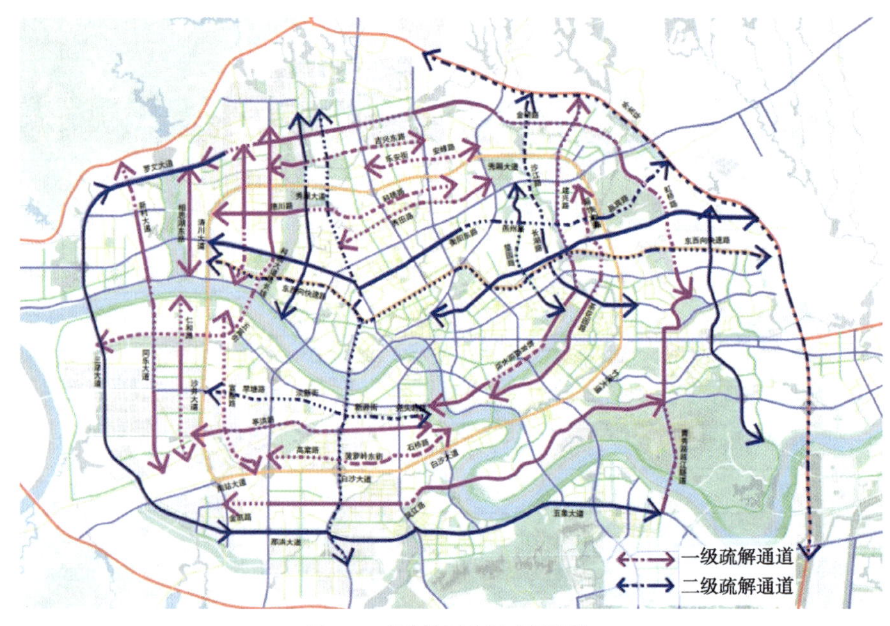

图 6-7　现状快环分级疏解通道

近期需建设完善的分流通道　　表 6-5

快环分类		层　次	道路名称
东环	厢竹大道疏解分流通道（南北向）	一级疏解通道	• 建兴路
		二级疏解通道	• 外东环 • 望园路 • 长湖路
	竹溪大道疏解分流通道（南北向）	一级疏解通道	• 青秀路越江隧道
		二级疏解通道	• 外东环
北环	秀厢大道疏解分流通道（东西向）	一级疏解通道	• 德川路—科德路（近期建成鲁班路段—秀灵路段） • 兴东路—秀田路 • 吉兴西路—吉兴东路 • 金桥路—安武大道
		二级疏解通道	• 东西向快速路

续上表

快环分类		层　次	道路名称
西环	清川大道疏解分流通道（南北向）	一级疏解通道	• 仁义大桥
		二级疏解通道	—
	沙井大道疏解分流通道（南北向）	一级疏解通道	• 宣德路 • 仁和路 • 同乐大道
		二级疏解通道	—
南环	南站大道疏解分流通道（东西向）	一级疏解通道	• 亭洪路
		二级疏解通道	—
	白沙大道疏解分流通道（南北向）	一级疏解通道	• 亭洪路 • 凤江路 • 高棠路
		二级疏解通道	• 尧头岭路

建兴路：起于外东环，止于茶花园路。其中金源城段（金桥路—秀厢大道）已建成通车，南梧大道—东宁路段已列入城建计划，现处于建设中。建议加快已列入城建计划段的施工建设，同时建议将金桥路—外东环、秀厢大道—南梧路、建兴路—茶花园路 3 段列入城建计划，加快开展沿线拆迁及道路建设工作，形成厢竹大道西侧分流通道。该通道的建成不仅可用于轨道 3 号线施工交通疏解及施工车辆出入，同时有利于缓解快环及邕宾立交交通压力。

外东环：现为高速公路，已列入城建计划开展高改快工程。建议结合城建计划，加快高速公路改快速路工程，形成快环外围交通分流环。

望园路：次干路等级，现状东葛路—茶花园路段已建成，已列入城建计划，建议近期结合旧城改造开展东葛路—长堽路段建设，形成南北向分流通道，减少快环绕行交通。

长湖路：主干路等级，串联中心组团和青秀组团，已列入城建计划，建议近期北延至长堽路，总长约 480m，形成南北分流通道，远期往北连接沙江路。

青秀路越江隧道：主干路等级，起于凤岭南路，止于五象大道，已纳入城建计划开展前期工作，建议加快建设，形成竹溪大道东侧分流通道。

兴东路：支路等级，现状已建成厢竹大道—金湾路段，建议将西延至东沟岭正街段列入城建计划，形成南梧路分流通道，同时作为轨道 3 号线交通疏解道路。

秀田路：次干路等级，起于北大路，止于邕武路，已纳入城建计划开展前期工作，目前邕武路—皂角路路段已建成，作为秀厢大道的分流道路，同时也是轨道交通 5 号线的疏解道路，沿线涉及城中村的拆迁，施工难度大，建议近期将其向西延长至北湖北路，北大路—北湖路段作为远期控制预留。

吉兴西路：次干路等级，起于鲁班路，止于安吉大道，已纳入城建计划项目开工建设，建议加快建设，形成秀厢大道北侧分流通道。

吉兴东路：次干路等级，起于安吉大道，止于皂角路，与吉兴东路共同作为秀灵、友爱、北湖立交施工期间的疏解通道，因而，建议尽快开展前期工程研究及征地拆迁工作，力争早日列入城建计划，形成秀厢大道北侧分流通道。

金桥路：主干路等级，现状金川路—盛天东郡段已建成，西段至邕武路段已列入城建计划，处于建设中。建议加快金桥路西段建设，近期形成东西秀厢大道分流通道。

安武大道：主干路等级，起于鲁班路，止于北湖路，已列入城建计划，建议加快苏卢村的征地拆迁工作，加快建设，形成秀厢大道北侧分流通道。

科德路：次干路等级，优化调整走向，西接德川路，将其延伸至皂角路，道路红线控制 40m，由于涉及城中村，拆迁难度大，建议分段建设，近期建设建成鲁班路段—秀灵路段，对秀灵路段—皂角路段进行远期预留控制，开展前期工程研究及征地拆迁工作，力争远期建成通车，形成秀厢大道分流通道。

东西向快速路：快速路等级，已列入城建计划，计划于 2018 年建成通车。建议结合城建计划，形成快环北环和东环的分流通道。

亭洪路：主干路等级，起于沙井大道，止于江南大道。其中江南大道—南建路路段、沙井大道—宣德路路段已建成通车，规划一路—壮锦大道路段、壮锦大道—旱塘路路段已列入城建计划，现处于建设中。规划一路—规划四路路段、旱塘路—南建路也已列入城建计划，建议加快开展沿线拆迁及道路建设工作，形成南站大道和白沙大道北侧分流通道。该通道的建成不仅可用于轨道 5 号线施工交通疏解及施工车辆出入，同时有利于缓解白沙大道交通压力。

凤江路：主干路等级，起于英华大桥，止于星光大道。其中盘岭路至英华大桥段完成附属工程建设，盘岭路—星光大道路段已列入城建计划，现处于建设中。建议加快开展沿线拆迁及道路建设工作，形成南站大道和白沙大道北侧分流通道。

高棠路：次干路等级，起于壮锦大道，止于南建路。已列入城建计划，现处于建设中，建议加快开展沿线拆迁及道路建设工作，该通道的建成不仅可用于轨道 5 号线施工交通疏解及施工车辆出入，同时有利于缓解白沙大道交通压力。

尧头岭路：次干路等级，起于星光大道，止于江南大道。已列入城建计划，建议加快道路建设工作，形成白沙大道北侧分流通道。

仁义大桥：主干路等级，起于江北大道，止于江南大道。已列入城建计划前期工作，建议加快道路建设工作，形成清川大桥分流通道。

同乐大道：主干路等级，起于江南大道，止于乐智路。目前已有定秋路—乐智路建成，其余路段已列入城建计划，在开工建设，建议加快建设，形成沙井大道西侧分流通道。

仁和路：次干路等级，起于江南大道，止于乐智路。目前已有定秋路—沙滨路建成，其余路段已列入城建计划，在开工建设，建议加快建设，形成沙井大道西侧分流通道。

近期建设快环分级疏解通道可参见图 6-8。

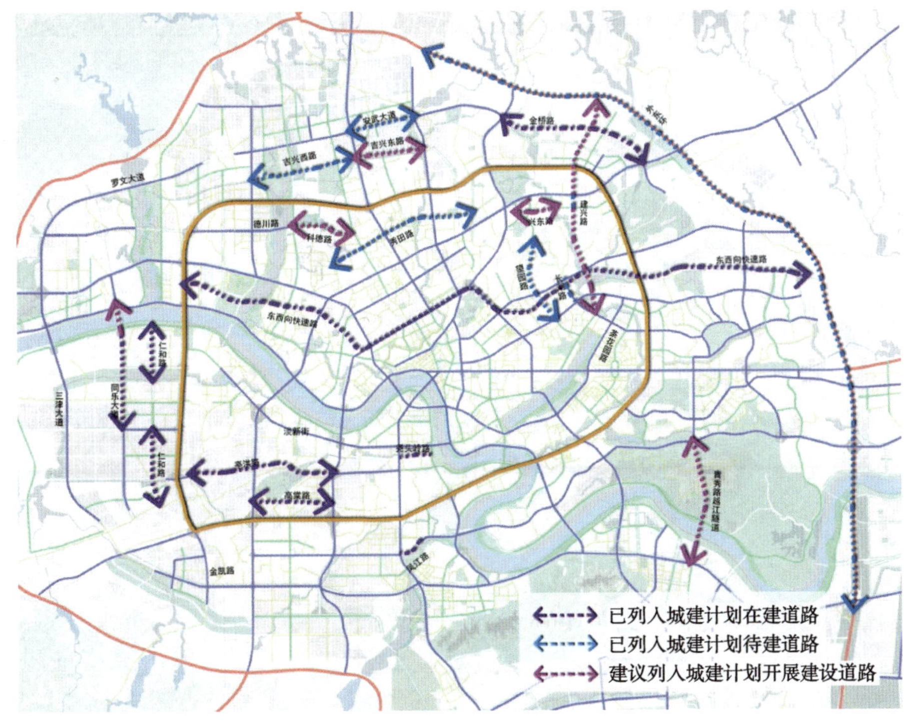

图 6-8　近期建设快环分级疏解通道

②远期建设通道。

远期建设路网主要为对规划一级、二级疏解通道进行完善，主要涉及道路 25 条，均为建设征地拆迁难度较大道路，其中已有 2 条列入城建计划道路工程征地拆迁攻坚战项目，1 条列入城建计划开展前期工作，22 条为建议新增道路，建议加快征地拆迁工作，构建区域完善的骨架路网，参见表 6-6。

远期路网形成分流疏解通道　　表 6-6

快环分类		层　次	道路名称
东环	厢竹大道疏解分流通道（南北向）	一级疏解通道	建兴路（近期建成） 金桥路—虹桥路（远期预留控制） 兴和路（远期建成）
		二级疏解通道	建安路（近期建成）—沙江路（远期建成）—长湖路 望园路（近期建成） 外东环改快速路（近期建成）
	竹溪大道疏解分流通道（南北向）	一级疏解通道	茶花园路—教育路及延长线（远期建成） 月湾路—景秀路—青秀路—青秀路越江隧道（近期建成） 兴和路（远期建成）—滨湖路—双拥路
		二级疏解通道	外东环改快速路（近期建成） 凤凰岭路—铜鼓岭路

续上表

快环分类		层　次	道路名称
北环	秀厢大道疏解分流通道（东西向）	一级疏解通道	德川路—科德路（近期建成鲁班路段—秀灵路段，远期建成秀灵路段—皂角路段） 安峰路（远期建成）—乐安街（远期建成） 兴东路（近期建成）—秀田路（远期建成） 吉兴东路（远期建成）—吉兴西路（远期建成） 金桥路—安武大道（近期建成）—高新大道
		二级疏解通道	东西向快速路（近期建成） 大学路—衡阳西路—衡阳东路（远期建成） 民主路—长堽路—长虹路
西环	清川大道疏解分流通道（南北向）	一级疏解通道	科园大道—科园大道南延长线（远期预留控制） 相思湖东路 新村大道—仁义大桥 大岭路（远期预留控制）—陈村路（远期预留控制）
		二级疏解通道	南北向快速路（远期预留控制） 罗文大道 丰达路（远期建成）—鲁班路
	沙井大道疏解分流通道（南北向）	一级疏解通道	南乡路（远期预留控制）—五富街（远期预留控制）—宣德路（远期预留控制）—运安路（远期预留控制） 仁和路（远期建成） 同乐大道（远期建成）
		二级疏解通道	南北向快速路（远期预留控制） 西明大桥—三津大道
南环	南站大道疏解分流通道（东西向）	一级疏解通道	亭洪路（远期建成） 金凯路（远期建成）
		二级疏解通道	锦富路（远期预留控制） 洪历路
	白沙大道疏解分流通道（东西向）	一级疏解通道	亭洪路（远期建成） 金凯路（远期建成）—凤江路（近期建成）—英华路 高棠路(近期建成)—菠萝岭东街(远期建成)—石桥路(远期建成)
		二级疏解通道	旱塘路（远期预留控制）—淡新街（远期预留控制）—新源街（远期预留控制）—尧头岭路（近期建成） 那洪大道—五象大道

虹桥路：主干路等级，为金桥路南延段，现状已建成昆仑大道—盛天东郡段，往南至佛子岭路段尚未列入城建计划，其中南延长至长堽路延长线（长虹路）段涉及烈士陵园拆迁。建议对虹桥路南延段进行远期预留控制，开展前期工程研究及烈士陵园征地沟通工

作，力争远期建成通车，形成厢竹大道东侧一级疏解分流通道。

衡阳东路：主干路等级，为衡阳路延长线，东延至外东环。该道路现状未开工建设，其中望州路—景观大道南段已列入城建计划征地拆迁攻坚战项目。建议近期完成对沿线大单位、军事区、城中村拆迁征地工作，远期建成东至外东环西至望州路的南梧路、秀厢大道分流疏解通道，加强三塘五塘地区与东沟岭、中心城区交通联系。

沙江路：主干路等级，现状尚未开工建设，其中长湖路—衡阳东路段已列入城建计划征地拆迁攻坚战项目。建议近期完成全段（外东环—长湖路）征地拆迁工作，远期建成快环南北向分流疏解通道。

兴和路：次干路等级，为东沟岭南北向内部通道，该通道已列入兴宁区路网优化调整方案研究，建议早期开展兴和路南延至滨湖路工程方案论证，远期形成厢竹大道西侧平行分流通道。

教育路延长线：次干路等级，南起教育路，北止民族大道。现状尚未开工建设，建议对教育路延长线进行远期预留控制，开展前期工程研究及南湖征地拆迁工作，力争远期建成通车，形成竹溪大道西侧二级疏解分流通道。

科德路：次干路等级，远期对秀灵路段—皂角路段进行预留控制，开展前期工程研究及征地拆迁工作，力争远期建成通车，形成秀厢大道分流通道。

安峰路：次干路等级，现状已建成邕武路—秀峰路段，建议将西延至北湖北路段列入城建计划，形成秀厢大道分流通道，同时作为北湖立交建设的疏解道路。

乐安街：次干路等级，西起安吉大道，东接北湖北路，与安峰路相接，建议将其列入城建计划，形成秀厢大道分流通道，同时作为北湖立交建设的疏解道路。

大岭路：次干路等级，起于秀厢大道，止于大学路，由于涉及城中村和医院，拆迁难度大，建议对大岭路进行远期预留控制，开展前期工程研究及征地拆迁工作，力争远期建成通车，形成沙井大道东侧分流通道。

科园大道南延长线：主干路等级，为科园大道南延段，尚未列入城建计划，项目建设涉及对动物园部分建筑的拆迁。建议对科园大道南延长线进行远期预留控制，开展前期工程研究及征地沟通工作，力争远期建成通车，形成清川大道东侧一级疏解分流通道。

新村大道：主干路等级，现状江北大道—相思湖北路路段已经通车，相思湖北路—罗文大道路段尚未列入城建计划，项目建设涉及对城中村的拆迁。建议进行远期预留控制，开展前期工程研究及征地沟通工作，力争远期建成通车，形成清川大道西侧一级疏解分流通道。

陈村路：次干路等级，起于大学路，止于江北大道，由于涉及城中村，拆迁难度大，建议对陈村路进行远期预留控制，开展前期工程研究及征地拆迁工作，力争远期建成通车，形成沙井大道东侧分流通道。

丰达路：次干路等级，南接鲁班路，由于涉及城中村，拆迁难度大，建议对陈村路进行远期预留控制，开展前期工程研究及征地拆迁工作，力争远期建成通车，形成沙井大道东侧分流通道，待科园立交施工可作为疏解通道。

南北向快速路：快速路等级，途经北大北路—北大路—永和路—永和桥—南建路—友谊路，项目建设涉及对广西大学及沿线单位、城中村的拆迁。建议进行远期预留控制，开展前期工程研究及征地沟通工作，力争远期建成通车，形成清川大道、沙井大道东侧二级疏解分流通道。

五富街：主干路等级，连接科园大道南延长线及南乡路，项目未列入城建计划，建议进行远期预留控制，开展前期工程研究，待南乡立交启动建设之前，建设该通道，形成清川大道、沙井大道东侧一级疏解分流通道。

南乡路：主干路等级，连接五富街，项目未列入城建计划，建议进行远期预留控制，开展前期工程研究，待南乡立交启动建设同步建设该通道，形成清川大道、沙井大道一级疏解分流通道。

宣德路：次干路等级，起于江南大道，止于运安路，项目未列入城建计划，建议进行远期预留控制，开展前期工程研究，力争远期建成通车，形成沙井大道东侧一级疏解分流通道。

运安路：次干路等级，连接宣德路，项目未列入城建计划，建议进行远期预留控制，开展前期工程研究，力争远期建成通车，形成沙井大道东侧一级疏解分流通道。

金凯路：主干路等级，起于洪运路，止于星光大道。其中同兴路—那历路段、壮锦大道—星光大道路段已经建成通车，由于南站大道交通流量不大。建议可预留控制洪运路—同兴路、壮锦大道—那历路路段，力争远期建成通车，形成南站大道分流通道。

锦富路：次干路等级，由于沿线涉及城中村、单位及铁路征地拆迁，难度大，建议开展前期工程研究及征地拆迁工作，力争远期建成通车，形成白沙大道北侧分流通道。

菠萝岭东街：次干路等级，起于南建路，止于星光大道。已有部分道路通车，但是道路宽度较窄，由于沿线涉及城中村征地拆迁，难度大，建议开展前期工程研究及征地拆迁工作，力争远期建成通车，形成白沙大道北侧分流通道。

石桥路：次干路等级，起于星光大道，止于亭江路。已列入城建计划前期项目，由于沿线涉及城中村征地拆迁，难度大，建议开展前期工程研究及征地拆迁工作，力争远期建成通车，形成白沙大道北侧分流通道。

旱塘路：次干路等级，由于沿线涉及城中村、单位及铁路征地拆迁，难度大，建议开展前期工程研究及征地拆迁工作，力争远期建成通车，形成白沙大道北侧分流通道。

淡新街：次干路等级，由于沿线涉及城中村、单位及铁路征地拆迁，难度大，建议开展前期工程研究及征地拆迁工作，力争远期建成通车，形成白沙大道北侧分流通道。

新源街：次干路等级，由于沿线涉及城中村、单位及铁路征地拆迁，难度大，建议开展前期工程研究及征地拆迁工作，力争远期建成通车，形成白沙大道北侧分流通道。

图 6-9 是远期建设快环分级疏解通道。

图 6-9　远期建设快环分级疏解通道

2）次干路、支路建设

选择现状次干路、支路较为缺乏的几个区域进行分析，完善快环沿线次干路、支路等集散路网建设，有效实现快慢分离。

（1）东环长堽路延长线区域

结合控规、区域地形现状及地块开发情况，研究提出新增支路 5 条，优化调整原有盘龙路线位，往北延伸玉兰路，延长金湖南路，具体优化方案如表 6-7 所示。

东环长堽路延长线区域次干路、支路网调整　　表 6-7

序号	支路名称	红线宽度（m）	道路等级	规划方案
1	新增规划支路一	30	支路	规划平行于长堽路的东西向支路，方案一下穿连接长堽路实现与南北向兴和路联系，方案二平交辅道，推荐道路下穿快环联系兴和路（方案一）
2	新增规划支路二	20	支路	规划沿着万科、荣和地块外围延伸接入立交桥底支路
3	新增规划支路三	20	支路	新增加集散道路，服务于周边地块项目
4	新增规划支路四	20	支路	由万科项目与荣和项目共退让 10m，向北接入规划支路二
5	新增规划支路五	20	支路	长堽路南侧地块东西向集散道路
6	盘龙路线位调整	红线由 18m 拓宽至 30m	支路	跨铁路段连接支路一，取消北侧连长堽路段（避免原方案对联发东侧地块分割）
7	延伸玉兰路	20	支路	往北延伸跨铁路连接长堽路，北侧线形沿联发项目外围，减少地块分割
8	金湖南路	30	次干路	往南延长金湖南路，服务区域中短距离交通流

（2）北环周边区域

结合控制规划研究、区域地形现状及地块开发情况，研究提出加快建设次干路 8 条，支路 15 条，增加秀厢大道平行分流次干路及支路，加强了秀厢大道两侧的集散系统建设。具体方案如表 6-8 所示。

快环北环周边区域次干路、支路网调整　　表 6-8

序号	支路名称	红线宽度（m）	道路等级	规划方案
1	降桥路	30	次干路	规划平行于秀厢大道的东西向次干路，服务于周边地块项目
2	宝兴路	40	次干路	规划平行于厢竹大道的南北向次干路，服务于周边地块项目
3	宝湾路	40	次干路	规划平行于秀厢大道的东西向次干路，服务于周边地块项目
4	永安北一路	24	支路	规划平行于厢竹大道的南北向支路，服务于周边地块项目
5	永安北二路	24	支路	规划平行于厢竹大道的南北向支路，服务于周边地块项目
6	兴和路至兴东路支路	12	支路	规划邕宾立交疏解支路，服务周边地块项目出入
7	兴和路北段	30	次干路	规划邕宾立交疏解支路，服务周边地块项目出入
8	中兴大道至南梧路支路	15	支路	规划邕宾立交疏解支路，服务周边地块项目出入
9	泸塘路	20	支路	规划平行于秀厢大道的东西向支路，服务于周边地块项目
10	安文街	15	支路	规划平行于秀厢大道的东西向支路，服务于周边地块项目
11	秀湖街	15	支路	规划平行于秀厢大道的东西向支路，服务于周边地块项目
12	荷田街	20	支路	规划平行于北湖路的南北向支路，服务于周边地块项目
13	厢田路	24	次干路	规划平行于北湖路的南北向次干路，服务于周边地块项目
14	皂角路	40	次干路	规划平行于北湖路的南北向次干路，服务于周边地块项目
15	万秀路	30	支路	规划平行于友爱路的南北向支路，服务于周边地块项目
16	万秀北路	15	支路	规划平行于友爱路的南北向支路，服务于周边地块项目
17	万爱街	15	支路	规划平行于秀厢大道的东西向支路，服务于周边地块项目
18	万安街	20	支路	规划平行于友爱路的南北向支路，服务于周边地块项目
19	秀湖支一路	15	支路	规划平行于友爱路的南北向支路，服务于周边地块项目
20	心圩江西路	25	次干路	规划平行于鲁班路的南北向次干路，服务于周边地块项目
21	商院二路南段	25	支路	规划平行于清川大道南北向支路，服务于周边地块项目
22	商院路	25	支路	规划平行于清川大道南北向支路，服务于周边地块项目
23	商学路	30	次干路	规划平行于秀厢大道的东西向次干路，服务于周边地块项目

（3）南环周边区域

结合控制规划研究、区域地形现状及地块开发情况，由于白沙大道周边立交已经基本改造完成，相对交通拥堵不算严重，研究提出建设支路 2 条，增加白沙大道平行分流次干路及支路，加强了白沙大道两侧的集散系统建设，具体方案如表 6-9 所示。

（4）西环周边区域

结合控制规划研究、区域地形现状及地块开发情况，研究提出加快建设次干路 2 条，支路 5 条，具体方案如表 6-10 所示。

快环南环周边区域支路网调整 表 6-9

序号	支路名称	红线宽度（m）	规划方案
1	平阳路	20	规划垂直白沙大道支路，白沙友谊立交集散道路
2	燕敦路	20	规划平行白沙大道支路，服务于周边地块项目

快环西环周边区域支路网调整 表 6-10

序号	支路名称	红线宽度（m）	道路等级	规划方案
1	仁义东街	20	支路	规划平行于沙井大道的南北向支路，服务于周边地块项目
2	仁兴路	20	支路	规划平行于沙井大道的南北向支路，服务于周边地块项目
3	翠湖路	30	次干路	规划垂直于沙井大道次干路，疏解南乡立交施工期间交通，服务于周边地块项目
4	上津路	20	次干路	规划垂直于沙井大道支路，服务于周边地块项目
5	梁屋街	20	支路	规划垂直于沙井大道支路，服务于周边地块项目
6	沙滨路	20	支路	规划垂直于沙井大道支路，服务于周边地块项目
7	齐贤路	20	支路	规划垂直于沙井大道支路，服务于周边地块项目

图 6-10 是快环周边路次干路、支路完善建设示意图。

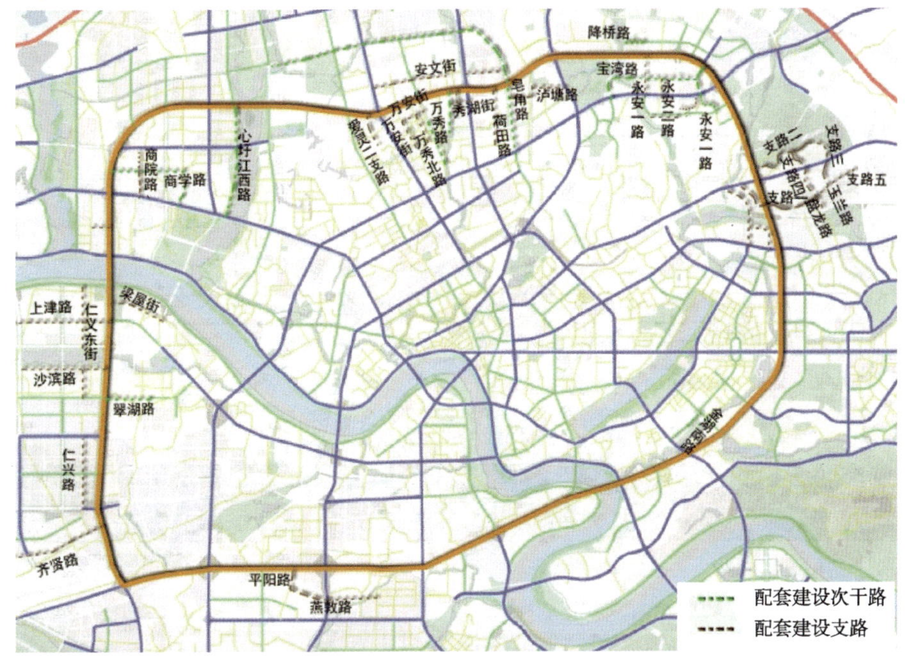

图 6-10 快环周边路次干路、支路完善建设示意图

（5）建设时序安排

长堽路延长线区域：近期工程主要构建长堽路北侧支路网和快环东侧路网，实现荣和、万科地块出入；远期工程主要涉及茅桥区域地块拆迁及道路跨铁路工作，将新增研究区域往西及往南通道。

北环周边区域：北环区域周边路网建设相对迟缓，因此近期要加大快环周边路网建设，考虑到将列入城建计划或前期工作的5条道路列入近期项目，中兴大道、南梧路围合区域支路周边用地相对拆迁量少，可实施性强，建议列入近期计划，其余14条项目列入远期项目。

南环周边区域：平阳路、燕敦路周边有城中村，涉及拆迁量较大，且白沙星光立交已经改造完成，支路建设的迫切性没有那么强烈，可以考虑放入远期结合旧城改造同步建设。

西环周边区域：考虑到将列入城建前期工作的5条道路列入近期项目，仁义东街、仁兴路道路则考虑结合远期项目开发，建设纳入远期安排。

表6-11是快环周边区域次干路、支路网建设计划安排。

快环周边区域次干路、支路网建设计划安排 表6-11

区域	近期建设道路	备　注	远期建设道路
东环	新增规划支路一（厢竹大道东侧）、新增规划支路二、新增规划支路三、新增规划支路四、新增规划支路五	地块出入道路	玉兰路、蟠龙路、规划支路一（厢竹大道西侧）、金湖南路
北环	降桥路、泸塘路	已列入城建计划	宝兴路、宝湾路、永安北一路、永安北二路、秀湖街、荷田街、厢田路、万秀北路、万爱街、万安街、秀湖支一路、商院二路南段、商院路、商学路
	兴和路至兴东路支路、兴和路北段、中兴大道至南梧路支路	建议列入城建计划	
	安文街、皂角路、万秀路	已列入城建计划前期	
	心圩江西路	建议列入城建计划	
南环			平阳路、燕敦路
西环	上津路、梁屋街、翠湖路、齐贤路、沙滨路	已列入城建计划前期	仁义东街、仁兴路

3）快环周边路网完善方案汇总

表6-12是快环周边路网完善汇总表。

快环周边路网完善汇总表 表6-12

道路类型	道路名称	功能	衔接道路	备　注
快速路	东西向快速路	承担组团间的快速交通，以长距离交通为主	西接清川大道，东接新高速环路	东西贯通的重要轴线，连接城西组团、中心区与凤岭新区的重要交通走廊
	南北向快速路		北接新高速环路，南接现状南环高速路	南北贯通的重要轴线，连接城北组团与江南区的重要交通走廊
	现状东高环		连接新高速环路	重要的南北客、货快速交通走廊，同时也是连接城北组团、凤岭新区、五象新区的重要连接线。南宁市东部重要的一条南北向对外交通走廊

续上表

道路类型	道路名称	功能	衔接道路	备注
主干路	金桥路—虹桥路—安武大道	承担组团内的主要交通，以中、长距离交通为主	北接安武大道，南接佛子岭路	连接兴宁区、青秀区的交通通道，分流东环厢竹大道、和北环秀厢大道交通流
	衡阳西路—衡阳东路—燕州路		西接衡阳东路，南接佛子岭路	连接兴宁区、青秀区的东西交通通道，分流北环秀厢大道交通流
	沙江路—建安路		北接金桥路，南接东葛路	连接兴宁区、青秀区的南北通道，分流东环厢竹大道交通流
	新村大道—仁义大桥—同乐大道		北接可利大道，南接乐贤路	连接西乡塘区、江南区的南北通道，分流西环清川大道、沙井大道交通流
	科园大道南延长线—五富街		北接大学路，南接沙井大道	连接西乡塘区、江南区的南北通道，分流西环清川大道、沙井大道交通流
	亭洪路		西接沙井大道，东接南建路	江南区内部南北通道，分流南环南站大道、白沙大道交通流
	金凯路、凤江路		西接那历路，东接江南大道	江南区内部南北通道，分流南环南站大道、白沙大道交通流
	青秀路越江隧道		北接凤岭南路，南接五象大道	连接青秀区、五象新区的南北通道，分流东环竹溪大道交通流
次干路	建兴路	承担组团内部的集散交通，以中、短距离交通为主	—	连接兴宁区、青秀区的南北通道，分流东环厢竹大道沿线区域短距离的交通流
	教育路延长线、金湖南湖		—	青秀区区内南北向集散通道，分流东环竹溪大道沿线区域的交通流
	吉兴东路、吉兴西路		—	西乡塘区内东西向集散通道，分流北环秀厢大道沿线区域短距离的交通流
	兴和路		—	连接兴宁区、青秀区的南北通道，分流东环厢竹大道沿线区域短距离的交通流
	科德路		—	西乡塘区内东西向集散通道，分流北环秀厢大道沿线区域短距离的交通流
	安峰路		—	北湖立交桥集散、绕行通道
	秀田路		—	西乡塘区内东西向集散通道，分流北环秀厢大道沿线区域短距离交通流
	大岭路—陈村路		—	江南区内东西向分流通道，分流南环白沙大道沿线中、短距离的交通流
	降桥路		—	西乡塘区内东西向集散通道，分流北环秀厢大道沿线区域短距离的交通流
	皂角路		—	西乡塘区内南北向集散通道，北湖立交集散、绕行通道
	丰达路、心圩江西路		—	西乡塘区内南北向集散通道，科园立交集散、绕行通道

续上表

道路类型	道路名称	功能	衔接道路	备注
次干路	商学路	承担组团内部的集散交通，以中、短距离交通为主	—	西乡塘区内东西向集散通道，清川立交集散、绕行通道
	上津路		—	江南区沙井片区内东西向集散通道，沙井大道（沙井五一路口—智和立交）集散、绕行通道
	翠湖路		—	江南区东西向集散通道，沙井大道（沙井五一路口—翠湖路）集散、绕行通道
	锦富路—旱塘路—淡新街—新源街—尧头岭路		—	江南区内东西向分流通道，分流南环白沙大道沿线中、短距离的交通流
	宣德路—运安路		—	江南区内南北向集散通道，分流西环沙井大道沿线区域短距离的交通流
	高棠路—菠萝岭东街—石桥路		—	江南区内东西向分流通道，分流南环白沙大道沿线中、短距离的交通流
	仁和路		—	江南区内东西向分流通道，分流南环白沙大道沿线中、短距离的交通流
支路	宝兴路、宝湾路及永安路北一路、永安北二路、兴东路、兴和路、兴和路至兴东路支路、中兴大道至南梧路支路	承担组团内部的集散交通，以短距离交通为主	—	邕宾立交桥集散、绕行通道
	新增规划支路一新增规划支路二、新增规划支路三、新增规划支路四、新增规划支路五、玉兰路、蟠龙路		—	竹岭立交桥集散、绕行通道
	安文街		—	北湖立交、友爱立交桥集散、绕行通道
	泸塘路		—	邕武立交桥集散、绕行通道
	乐安街		—	北湖立交、友爱立交桥集散、绕行通道
	万秀路、万秀北路、万安街、厢田街、荷田街、秀湖街、万爱街、秀湖支一路		—	北湖立交、友爱立交桥集散、绕行通道
	商院二路南段、商院路		—	清川立交桥集散、绕行通道
	梁屋路		—	沙井五一路口集散、绕行通道
	燕敦路		—	白沙友谊立交集散、绕行通道
	仁义东街、仁兴路		—	沙井大道平行疏解分流通道
	沙滨路		—	南乡立交疏解绕行通道
	齐贤路		—	南站立交疏解绕行通道

6.3 分段交通整治设计

6.3.1 东环交通整治设计

1）东环整治对策

近期采用“以区域路网完善为主、自身局部优化为辅”，远期采用“以自身扩容提速为主，区域交通管理为辅”的整治思路。

2）东环路段优化设计

（1）近期：沿线出入口优化方案

①取消部分侧分带出入口。

连续设置数个出口或入口导致出入口设置间距不符合规范；出入口设置密集影响主线车辆行驶舒适性及道路服务水平，应当取消。如药用植物园西门南侧出口与花鸟市场出口距离仅有 280m，距离过近，不符合相关规范要求（见图 6-11），建议取消药用植物园西门南侧出口。

主线设计车速(km/h)	出入口形式			
	L（出口—出口）	L（出口—入口）	L（入口—入口）	L（入口—出口）
100	760	260	760	1270
80	610	210	610	1020
60	460	160	460	760

图 6-11　快速路出入口最小间距

注：资料来源《城市快速路设计规程》（CJJ129—2009）。

②改造侧分带出入口设置形式为平行式。

东环现状直接式出入口占比较大，约占 60%，且没有设置变速车道，进出快速路的车辆对主线和辅路的直行车流均造成直接干扰。建议通过侧分带出入口附近局部拓宽，形成加减速车道，以减少进出主线的交通对主道交通的影响。

改造直接式入口：10 个，主要位于竹溪大道沿线、厢竹大道（竹岭立交—药用植物园）。

改造直接式出口：9 个，主要位于竹溪大道沿线、厢竹大道（竹岭立交—药用植物园）。

改造直接共用出入口：2 个，位于竹溪大道中级人民法院门前和龙潭小区门前。

改造情况参见图 6-12。

③优化沿线单位出入口设置。

涠公河大酒店出入口正对竹溪大道侧分带入口，丽景豪庭出入口正对竹溪大道侧分带出口。为避免与快环进出口冲突，应进行调整，见图 6-13。

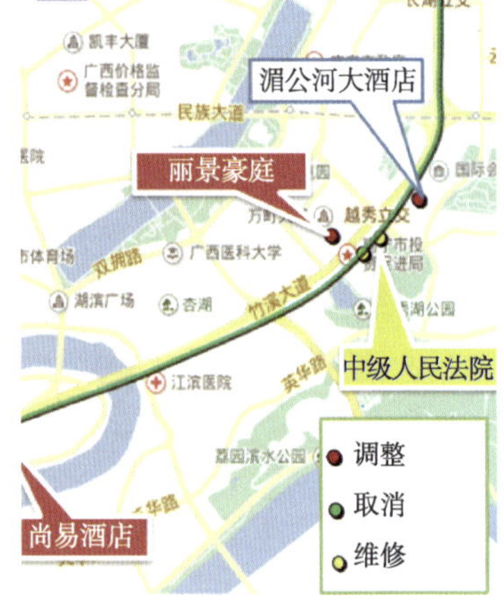

图 6-12　东环沿线侧分带出入口优化示意图

图 6-13　东环沿线单位出入口优化示意图

（2）远期：厢竹大道（凤竹立交以南）—竹溪大道（青竹立交以北）扩容

①设计方案。

东环设置高架，桥上为高架快速路，地面为交通性干道。其中，高架路设置为双向 6 车道，地面设置为双向 8 车道。高架段从凤竹立交至青竹立交，其中，竹溪立交段不设置高架。

相比现状，通行能力双向提高 4800pcu/h，厢竹大道段剩余承载力提高到 5200pcu/h，饱和度为 0.71，路段服务水平处于 C 级。

②可行性分析。

从用地角度分析，东环高架标准段红线宽为 60m，在节点相接及进出口设置部分，为满足道路净高，需要对地面层进行加宽，最宽处为 75.5m。而根据原规划控制 80m，因此满足东环高架建设条件。但从现状建设看，厢竹大道（长湖路—云景路段）两侧无绿化控制带，原规划两侧各 10m 绿化控制带均被沿线单位占用，因此项目建设涉及与沿线单位的协调沟通。

从交通组织方面考虑，厢竹—竹溪大道是现状城东区唯一快速过江通道及贯穿南北的快速通道，项目实施需对快环进行封闭施工，而本路段是目前交通流量最大的路段，项目实施不仅对现状过境交通影响很大，也对沿线地块进出交通影响非常大，因此近期暂缓建设，远期规划预留。

东环高架方案设计参见图 6-14~ 图 6-16。

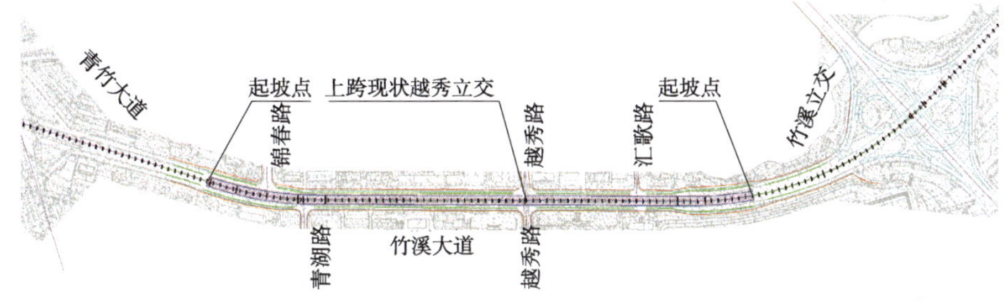

图 6-14　东环高架方案平面示意图（竹溪大道（青竹立交—竹溪立交））

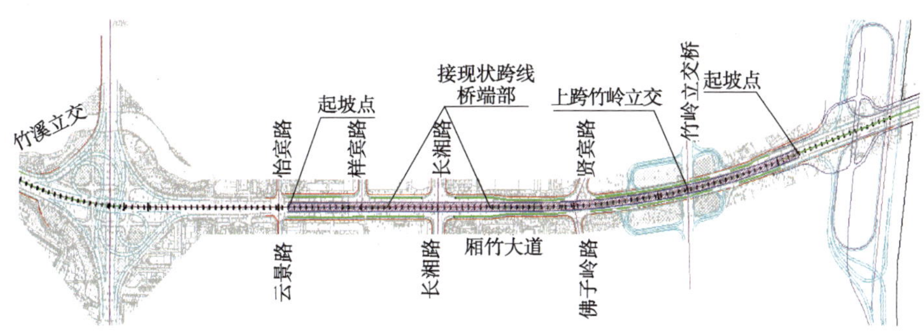

图 6-15　东环高架方案平面示意图（厢竹大道（竹溪立交—凤竹立交））

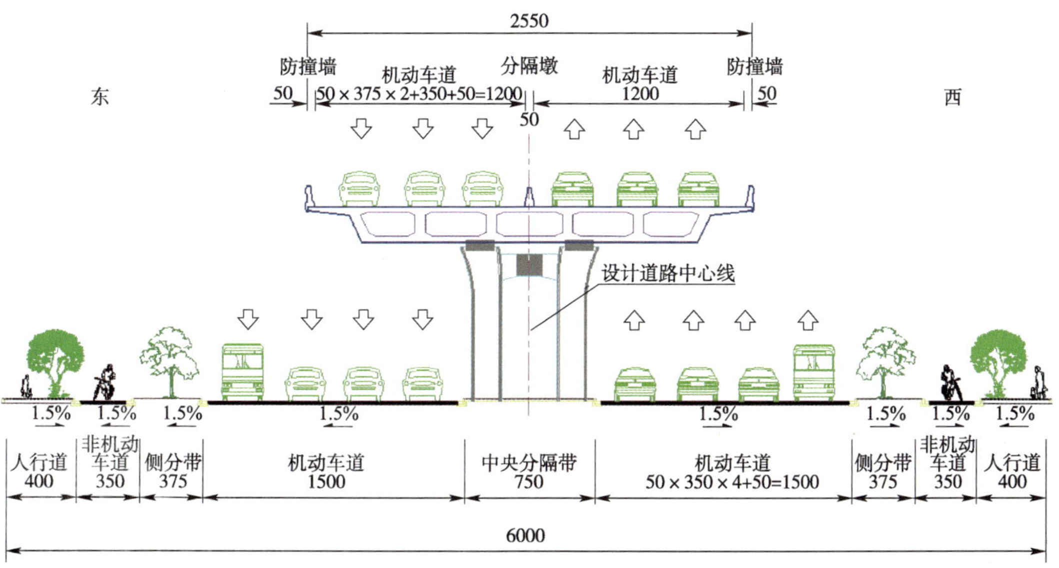

图 6-16　东环高架方案横断面示意图

3）东环节点优化设计

（1）主要节点定位

综合《南宁市城市总体规划》(2011—2020)、《南宁市快速路系统规划》(2009—2020)以及《快速路与主干路、主干路与主干路立交控制规划研究》相关成果，快环沿线共设35座立交。其中，东环范围内有凤竹立交、竹溪立交、邕宾立交、青竹立交4座枢纽立交，以及6座一般立交，见表6-13和图6-17。

东环沿线立交节点定位 表6-13

立交类型	立交名称
枢纽立交	凤竹立交（厢竹—东西向快速路立交，在建）、竹溪立交、邕宾立交、青竹立交
一般立交	厢竹—燕州立交（规划）、长虹立交、竹岭立交、长湖立交、越秀立交、葫芦鼎—江北立交

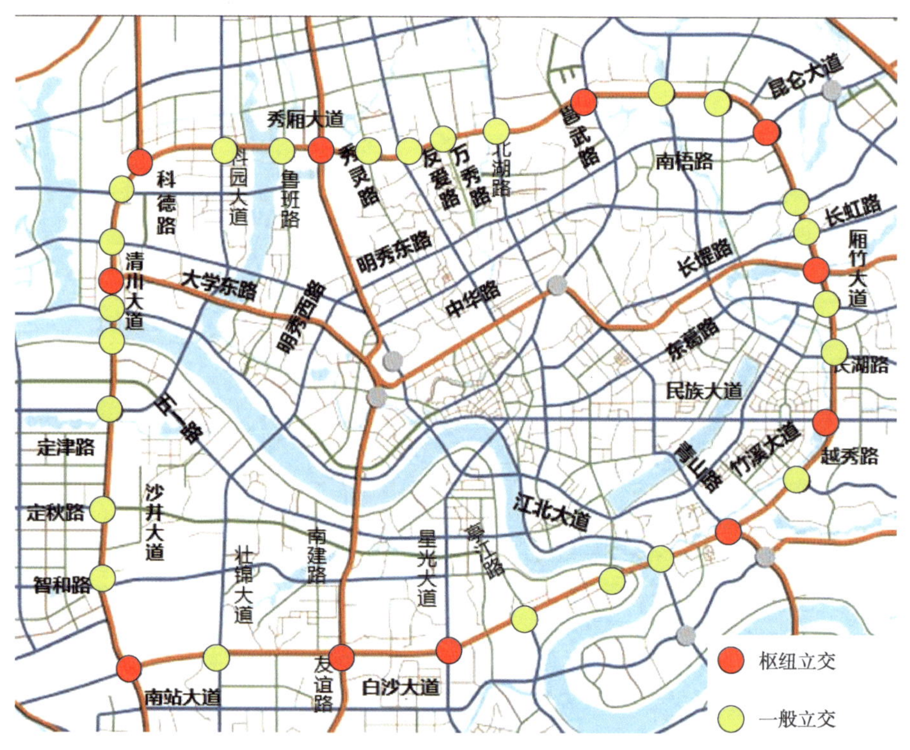

图6-17 南宁市快速环路立交节点定位分类

（2）现状瓶颈节点，优先扩容改造

①青竹立交—葫芦鼎立交

竹溪大道与江北大道交叉口，现状竹溪大道通过葫芦鼎大桥上跨江北大道，竹溪大道地面辅道与江北大道形成T字交叉。青竹立交为竹溪大道重要节点，位于葫芦鼎大桥东侧，现状为三层半互通式立交，竹溪大道主线位于第二层，青山路主线位于第三层。现状立交中，青山路西往南右转、竹溪大道北往西右转及竹溪大道南往西左转未设匝道，上述几个方向的转向交通均需通过地面层实现，导致地面层交通压力大，尤其是青山路西往南右转车辆进入辅道，其中大部分需经过长距离交织后于葫芦鼎桥前汇入主线；同时，竹溪大道经过青竹立交后开往江北大道的车辆，需变道进入辅道，然后由辅道进入江北大道。如此，青山路过江车辆和竹溪大道进入江北大道车辆会在竹溪大道相应侧分带开口处造成交织及冲突，由江北大道进入竹溪大道及由江南区经葫芦鼎大桥去往青山路车辆也同样存在交织，最终导致葫芦鼎桥前车辆冲突严重，车流进出缓慢，从而造成青竹立交—葫芦鼎桥段的拥堵，见图 6-18。

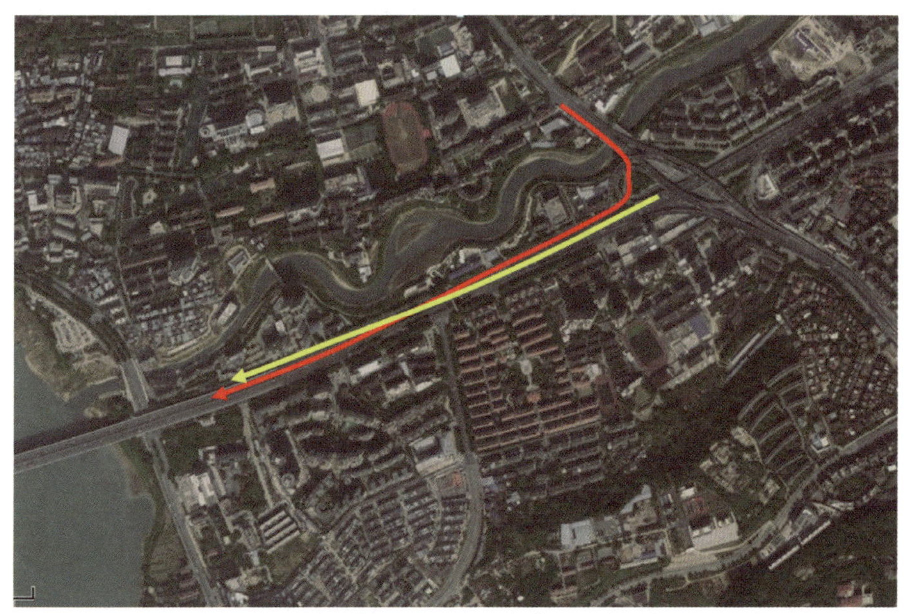

图 6-18　青竹立交—葫芦鼎桥局部交通运行图

针对如上情况，分别对青竹立交及葫芦鼎立交做相应的改造，实现车流的“快接快”，减少交织及冲突，从而缓解该段的拥堵。具体如下：

A. 青竹立交

a. 设计思路

尽量利用现状立交，结合现有条件增设匝道，匝道设置尽量与原匝道搭接，减少出入口的设置。尽量避开难以拆除的现状建筑。

b. 设计方案

方案一：在青山路增加西往南右转匝道接竹溪大道，同时改造青山路地面辅道。

设计说明　方案在青山路增加西往南右转匝道，右转匝道起坡点与现状主道一致，以最短的桥梁长度实现青山路西往南右转的“快接快”，减少进入竹溪大道辅道的车流量，从而减轻葫芦鼎大桥附近主道入口的交通压力。但因匝道在金湖路以东起坡，起坡较晚，原连接竹溪大道的地面辅道因净高不足，需进行改造。

可行性分析　本方案桥梁长度较短，建设周期短，实施效果明显；用地方面，因需要拓宽青山路辅道，需对现状的一处两层咖啡厅进行拆迁，拆迁难度相对较小，方案具有一定的可行性；但方案在施工期间需要封闭青山路东往南左转匝道，其社会影响及交通影响较大，建议方案远期实施，见图 6-19。

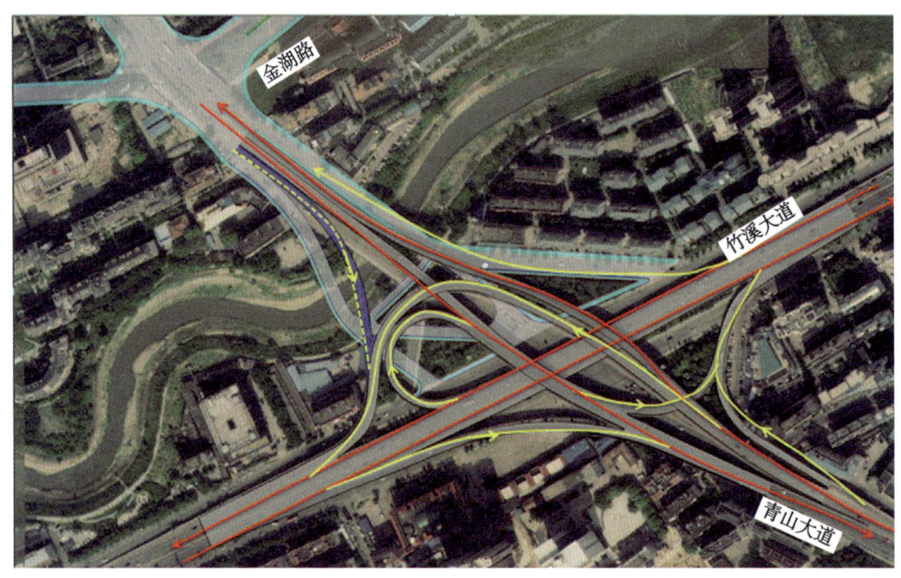

图 6-19 青竹立交改造方案一

方案二：在青山路增加右转匝道接竹溪大道。

设计说明 方案在青山路增加西往南右转匝道，为保证地面层净高，右转匝道需从规划金湖路西侧开始起坡，以桥梁的形式与现状青竹立交东往南的左转匝道拼接，实现青山路西往南右转的"快接快"，减少进入竹溪大道辅道的车流量，从而减轻葫芦鼎大桥附近主道入口的交通压力。方案无须对地面层进行改造，但桥梁面积大，整体造价高。

可行性分析 方案增加右转匝道，实施效果明显；用地方面，方案不需增加新增用地，无拆迁，方案可行性较高；但方案桥梁长度较长，施工周期亦相对较长，在施工期间需要封闭青山路东往南左转匝道，其社会影响较大，建议方案远期实施，见图 6-20。

方案比选分析：方案一从青山金湖路口以东起坡，将金湖路上车流通过新增的右转匝道转移到竹溪大道上，而方案二从金湖路西侧就开始起坡，使得金湖路上车流无法通过匝道实现转换，只能通过地面实现转换，可见，方案一实施效果较好。综合考虑实施效果与可行性，推荐方案一。

B. 葫芦鼎—江北立交

a. 设计思路

针对拥堵问题，统筹考虑青竹立交和葫芦鼎立交，在葫芦鼎立交设置东至北、南至东右转匝道，设置东至南、北至东左转匝道，并封闭竹溪大道主道至江北大道及江北大道至竹溪大道主道侧分带开口，从而解决由于交织造成的拥堵问题。

图 6-20　青竹立交改造方案二

b. 设计方案

- 新增东至北、南至东右转匝道。
- 新增东至南、北至东左转匝道。
- 封闭竹溪大道主道至江北大道及江北大道至竹溪大道主道侧分带开口。
- 匝道桥采用与主线平行的拼桥形式。

c. 可行性分析

本设计新增东至南、北至东左转匝道位于河滩处，远离主河道，可实施性较高，但因部分桥墩落于河滩处，方案实施时软基处理是难点之一。现状葫芦鼎立交东南角为绿地，用地条件宽裕，南至东右转匝道可实施性较高。现状东北角用地条件有限，东至北右转匝道需占用部分地面辅道，本次设计压缩辅道，人行道向外扩，需征用部分用地，不存在拆迁。综上所述，本方案是可行的，见图 6-21。

②厢竹大道贤宾分离式立交（打通贤宾路—佛子岭路）

a. 必要性分析

通道的建设可以避免两条快速集散通道夹击下对用地的分割，加强竹溪大道两侧的交通联系，减少长湖路、东葛路、民族大道东西向通道的交通压力，分流短距离交通对 3 条东西向长距离通道的利用。

b. 方案设计

贤宾路上跨厢竹大道，双向两车道，红线宽 11m。

下穿方案：可行性小，因为下穿厢竹大道，东侧佛子岭路自身道路坡度 4.5%，下穿通道坡度接近 6% 才能在佛子岭凤翔路口出地面层，下穿通道坡度过大，工程难度高，存在安全隐患。

图 6-21 葫芦鼎—江北立交改造方案

上跨方案：东侧佛子岭路段利用佛子岭路自身坡度，北侧需要压缩现有佛子岭路 4m 人行道至 1.5m，南侧展宽 3m，预留 5.5m 空间给佛子岭路进出厢竹大道。西侧贤宾路保持车行道宽度不变，下坡段坡度 5%。本方案影响市消防指挥中心大型车辆进出。

c. 可行性分析

上跨方案贤宾路的坡度大，只有双向 2 车道，通行能力小，待药园立交及凤竹立交建成，竹岭立交改造完成之后，东西向交通流会均匀分布，竹岭立交交通压力会减轻，且竹岭立交与贤宾路下穿通道距离只有 150m，立交间距过近，贤宾路与佛子岭路的立交完全可以通过竹岭立交完成。建议近期暂缓改立交建设，远期规划预留，见图 6-22、图 6-23。

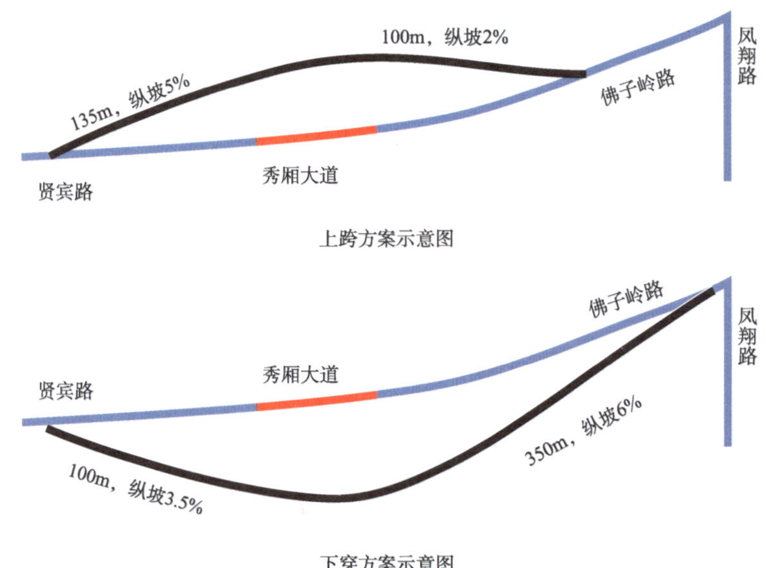

图 6-22 贤宾路下穿及上跨厢竹大道对比示意图

图 6-23 贤宾路上跨厢竹大道平面图

③厢竹大道怡宾分离式立交（打通云景路—怡宾路）

a. 必要性分析

加强厢竹大道两侧片区间的交通联系，减少对用地分割；分离片区间短距离交通，缓解民族大道中长距离交通的压力。

b. 方案设计

云景路上跨厢竹大道，双向 4 车道，红线宽 36.5m。工程实施难度较大。

下穿方案：工程可行性小。因为下穿厢竹大道，按 4% 坡度，通道出口位于河道上。

上跨方案：工程难点在于拆迁较多。需拆迁现有桥梁以及怡宾路两侧 8 层住宅，拆迁面积 1.3 万 m^2；跨线桥起坡点距离交叉口过近。跨线桥引桥端距离怡宾路灯控交叉口为 85m，距离较短，车辆容易排队至桥上，具有安全隐患，见图 6-24。

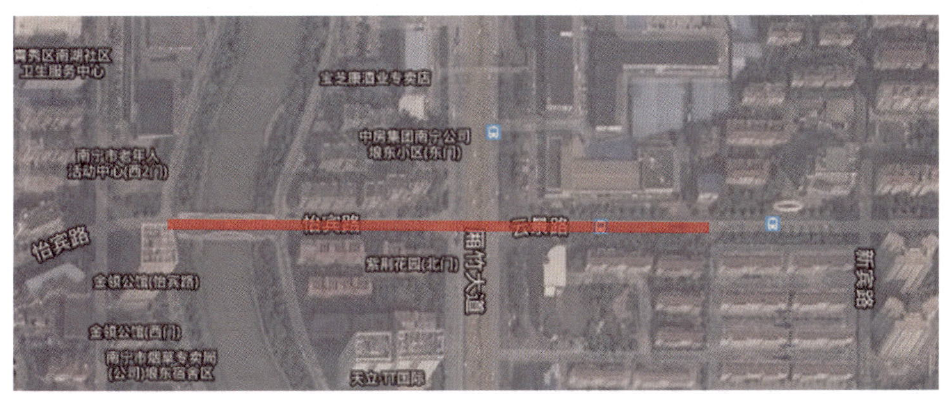

图 6-24 云景路上跨厢竹大道平面图

c. 可行性分析

从以上的分析可知，上跨或下穿方案实施难度大，可行性较弱，建议近期暂缓改立交建设，远期规划预留。

6.3.2 北环交通整治设计

1）北环整治对策

近期采用“以打通平行通道与局部节点整治相结合”，远期采用“节点进一步优化为主，区域交通管理为辅”的整治思路。

2）北环路段优化设计

①取消侧分带出入口。

秀厢大道北湖安居小区门前入口与秀园二里前入口距离仅有160m，距离过近，建议取消北湖安居小区门前入口。秀厢大道行健文理学院门口东西两侧出口的距离仅有300m，距离过近，建议取消行健文理学院门口西侧出口。

②将侧分带出入口设置形式由直接式改造为平行式。

北环现状直接式出入口约占20%，主要集中于秀厢大道（友爱立交以西）和清川大道上，没有设置变速车道，进出快速路的车辆对主线和辅路的直行车流均造成直接干扰。建议通过侧分带出入口附近局部拓宽，形成加减速车道，以减少进出主线的交通对主道交通的影响。

改造直接式入口：5个，主要位于秀厢大道（友爱立交以西）和清川大道。

改造直接式出口：8个，主要位于秀厢大道（友爱立交以西）和清川大道。

图6-25是北环沿线侧分带出入口优化示意。

图6-25　北环沿线侧分带出入口优化示意图

③优化沿线单位出入口设置。

北环沿线单位设置的出入口过多，建议减少村道开口，封闭军安小区、南侧加油站、美豪KTV、兰芬多综合楼4个沿线单位出入口。为避免单位出入口正对侧分带开口，调整锦云汽车城、延龙汽车城、凌云汽车、水泥制品厂、日上国际名车等12个沿线单位出入口，见图6-26。

3）北环节点优化设计

（1）主要节点定位

北环范围内有秀厢—高新三路立交（规划）、秀厢—南北快速路立交（规划）、邕武立交、邕宾立交4座枢纽立交，以及10座一般立交，见表6-14。

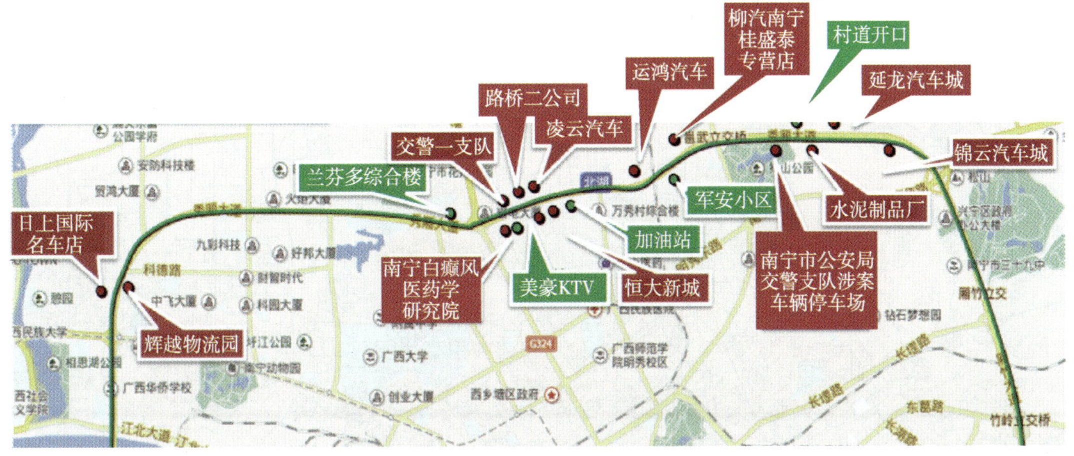

图6-26 北环沿线单位出入口优化示意图

北环沿线立交节点定位 表6-14

立交类型	立交名称
枢纽立交	秀厢—高新三路立交（规划）、秀厢—南北快速路立交（规划）、邕武立交、邕宾立交
一般立交	科相立交（规划）、科园立交、鲁班立交、秀灵立交、友爱立交、万秀立交、北湖立交、厢竹—沙江立交（规划）、厢霞立交（规划）、清川—大学立交（设计中）

（2）改造现状瓶颈节点，优先扩容改造

①秀灵—友爱立交

A. 立交现状

由于秀灵立交与友爱立交相距仅约620m。本次改造方案将两座立交整体考虑。

友爱立交存在的现状问题：现状为三层菱形立交，需要通过地面信号控制交叉口实现交通流转向，目前转向交通量较大，运行效率低。地面层机非干扰严重，秩序混乱。主线桥地面桥墩较多，影响车辆转弯，视距不良。信号周期长，且交叉口通过率低，延误明显。高峰时段车流量较大，饱和度达到E级。

秀灵立交存在的现状问题：现状为两层菱形立交，需要通过地面信号控制交叉口实现交通流转向，目前转向交通量较大，运行效率低。主线桥仅为一跨且跨径较小，致使地面层通道狭窄，节点地面层信号配时较长，通行能力低。转向车道不足，无右转专用车道。高峰时段车流量较大，饱和度达到E级。

B. 设计思路

本次改造方案结合两座立交现状综合考虑，尽量利用现状秀灵—秀厢大道的菱形立交主线桥，尽量利用友爱立交现状的桥下空间，避开难以拆除的现状建筑，结合远期交通量预测匹配适宜的立交形式，采用近远期相结合的方式既满足交通量需求，又能缩短工期，缓解资金和交通压力等。

C. 设计方案

a. 方案一

友爱立交：三层“半定向、半苜蓿叶组合型、全互通立交”。

秀灵立交 : 增加专用右转辅道及增加非机动车道与掉头通道。

图 6-27、图 6-28 为近、远期秀灵立交、友爱立交方案一平面图。

图 6-27　秀灵立交、友爱立交方案一平面图（近期）

图 6-28　秀灵立交、友爱立交方案一平面图（远期）

优点：立交线形紧凑优美，仿佛一只破茧而出欲展翅高飞的蝴蝶；与远期预测交通量匹配较好；很好地利用现状主线桥及地面辅道，充分利用桥下空间布设匝道，降低匝道桥高度及长度，节省投资；避让了拆迁较为困难的区域；有效地避让了轨道 2 号线的站点及轨道线；可分近远期实施，施工期间对交通影响较小，可实施性强；对秀灵立交无影响。

缺点：拆迁量较大，需拆迁东南角的部分低矮民房。

b. 方案二

友爱立交方案二：四层半“半定向、半苜蓿叶组合型、全互通立交”。

秀灵立交方案二：增加专用右转辅道及增加非机动车道与调头通道。

图 6-29 是秀灵立交、友爱立交方案二平面图。

优点：拆迁量小；与远期预测交通量匹配较好；可分近远期实施。

缺点：未能完全避让轨道 2 号线；未能充分利用现状桥下空间；匝道桥高程较高，需较大长度与现状地面相接，需对秀灵立交进行改造，桥梁面积大，占地大，投资较大，地面辅道利用率低。

图 6-29 秀灵立交、友爱立交方案二平面图

c. 方案比选

这两个方案都能充分利用现状的秀厢大道、友爱路跨线桥梁，均能较好地满足交通量通行需求，避让重要建筑。方案一能为交通量较大的由北往东、由东往南的左转交通设置半定向匝道，线型较好，与交通量预测结果匹配；方案二拆迁量小于方案一，但与交通量预测结果不匹配，由东往南的主要交通流设置在环形匝道上，通行能力小于方案一，且立交为四层半，匝道桥高程较高，需较大长度与现状地面相接，桥梁面积大，占地大。详见表 6-15。

秀灵友爱立交方案比选表 表 6-15

项　目	方　案　一	方　案　二
立交形式	半定向、半苜蓿叶组合型、全互通立交	半定向、半苜蓿叶组合型、全互通立交
立交层数	三层	四层半
匝道最小半径	40m	40m
桥面面积	5786m^2	29548m^2
用地面积	235 亩	395 亩
拆迁量	71270m^3	46600m^3
集散车道	在友爱路东侧设置集散车道桥	在秀厢大道北侧设置集散车道桥
通行能力	为交通量大的转向提供较好的线型	匝道设置与交通量匹配度较差
保留秀厢大道桥梁情况	保留现状桥梁	保留现状桥梁
方案优点	（1）匝道分布与未来交通量预测结果匹配，具有较强的通行能力； （2）可分期实施，在近期右转交通较小的情况下，可暂不实施右转匝道； （3）尽量利用了现状地面辅道； （4）桥梁面积小，立交高程小，占地少，需改造的范围小，不影响秀灵立交	拆迁量较小
方案缺点	拆迁量较大	（1）匝道分布与未来交通量预测结果匹配性较差，由东往南的主要交通流通行能力较差； （2）桥梁面积大，匝道桥高程较高，需较大长度与现状地面相接，立交整体占地大，需改造的范围较大，直接影响秀灵立交； （3）现状地面辅道可利用范围小，地面系统需重新设置
地面交通设置情况	井字形，需要灯控、无交织	井字形，需要灯控、无交织
建安投资估算	3.05 亿元	4.12 亿元
总投资	5.76 亿元	6.13 亿元
总结	（1）两个方案均能避开主要建筑，方案一拆迁量较大，方案二在东南、东北角拆迁相对较少； （2）方案一能为交通量较大的转向交通提供半定向匝道，通行能力较大； （3）方案二桥梁面积大，投资相对较高； 综上所述：秀灵立交、友爱立交改造推荐采用方案一	

d. 可实施性分析及实施建议

从用地角度分析，方案实施仅需拆除东南象限部分低矮的民房，拆迁量较少，拆迁难度相对较低，有一定的用地保障。

从施工期间交通组织看，友爱立交方案保留了主线桥，设置加减速车道地方采用加设匝道桥的方法拼接加宽主线桥，近期仅实施左转匝道桥，工期短，且匝道桥多布设在空地或桥下。因此施工时可保持主线交通畅通，部分影响区域可采用贝雷梁法搭设桁梁保持交通的畅通。

项目实施过程中，虽然能保障主线畅通，但为保证项目实施过程中转向交通的运行正常，需打通安武大道（友爱路—北湖路）或创新路—吉兴西路—吉兴东路，建设秀田路作为立交改造实施的疏解通道。

②鲁班交叉口

A. 交叉口现状

受秀厢大道北侧鹧鸪渌坡村的影响，鲁班路未能向北延伸连通至丰达路，现状为右进右出 T 形交叉口。距离交叉口中心西侧约 40m 处有一座下穿通道，该通道净空、宽度及视距等指标不合规范，通行条件差。通过车辆为双向通行，自东向南左转及自南向西左转的车辆均通过该通道通行，相互干扰大，且自东向南的左转交通量较大，导致秀厢大道北侧辅道排队较长，造成交通拥堵。

B. 设计思路

尽可能减少对秀厢大道的改造，尽量避开难以拆除的现状建筑，尽量满足鹧鸪禄坡村及周边居民的出行需求，结合交通量预测匹配适宜的匝道形式。

C. 设计方案

a. 方案一：近期改造成两层“菱形立交”；远期建成两层“变形苜蓿叶、全互通立交”，见图 6-30、图 6-31。

图 6-30　鲁班立交方案一（近期）效果图

图 6- 31　鲁班立交方案一（远期）效果图

方案一特点：

近远期结合，保留现状秀厢大道，近期鲁班路下穿秀厢大道，主线分离，转向交通通过桥下平交口实现；远期丰达路实施接顺鲁班路，可根据交通量的增加情况改造为“变形苜蓿叶全互通立交”，改造代价小。

近期方案占地少，避开北侧现状建筑，基本无拆迁，可实施性强。

鲁班路下穿秀厢大道，需将鲁班路路面高程控制在 71.5m 左右，而鲁班路西侧心圩江湿地公园常水位高程为 70.8m，高差仅 0.7m，需采取排水措施避免通道内积水。

b. 方案二：两层变形苜蓿叶不完全互通立交，见图 6-32。

图 6-32　鲁班立交方案二效果图

方案二特点：

保留现状的秀厢大道，鲁班路设桥上跨秀厢大道，设置桥梁跨越北侧鹧鸪禄坡村，与北侧的丰达路相连接。

利用现状通道，实现秀厢大道由东往南的转向交通（但需限制大车通行）。新建东侧通道，以实现鲁班路由南往西的转向交通。

避开东北角的向前驾校及油管堆放区。

上跨桥梁长，投资高。

仅在鲁班路增加下穿秀厢大道的下穿通道及改造现有通道并利用西北象限的环形匝道实现东转南、南转西的转向功能，交通条件较差。

c. 方案比选分析（表 6-16）

秀厢鲁班立交方案比选　　表 6-16

项　目	方　案　一	方　案　二
立交形式	变形苜蓿叶全互通立交（近远期实施）	苜蓿叶不完全互通立交
立交层数	两层	两层
匝道最小半径	27m	20m
匝道车道数	1、2	2
通行能力	与交通预测匹配	与交通预测匹配
与秀厢大道相交情况	鲁班路下穿秀厢大道	鲁班上跨秀厢大道
对鹧鸪禄坡村的影响	近期无影响，远期拆除量较小	拆除量较多
对向前驾校及油罐堆放区的影响	近期无影响，远期拆除部分小	拆除较少
建安投资估算	23081.43 万元（远期）	19791.93 万元
总结	（1）方案一根据现场拆迁难易情况及建设用地情况分为近远期方案且近远期结合较好； （2）方案一近期方案几乎无拆迁，可实施性强，而方案二需在近期拆除城中村，拆迁量大，实施难度高； （3）方案一远期为全互通立交，通行条件较好。而方案二仅在鲁班路增加下穿秀厢大道的下穿通道及改造现有通道并利用西北象限的环形匝道实现东转南、南转西的转向功能，交通条件较差； 综上所述：鲁班立交改造推荐采用方案一	

d. 方案可实施性分析及实施建议

从用地角度分析，近期方案基本无拆迁，方案可实施性强。

从施工期间交通组织分析，施工期间对主线秀厢大道无影响，转向交通可以通过绕行科园立交实现。

从排水角度分析，因鲁班路西侧约 200m 的心圩江公园设计常水位为 70.8m，20 年一遇洪水位为 72m，鲁班路下穿秀厢大道，路面控制高程为 71.5m，需设置泵站解决框架桥桥底排水问题。

③邕武立交

A. 立交现状

秀厢大道—邕武路交叉口现状为菱形立交，秀厢大道主线上跨邕武路，辅道与邕武路平面交叉。节点相交道路等级较高，交通需求大，节点剩余承载力不足。因友爱立交围挡施工，部分交通流通过本节点分流，交通量较大；同时，因外环高速建设完成，邕武路与外环高速相交处设置高速路出入口，在一定程度上吸引出城车流。邕武立交整体因为交通量大，立交形式无法满足要求。

根据现场调查，节点拥堵的主要原因如下：

● 节点相交道路等级较高，交通需求大，节点剩余承载力不足。

● 节点现状为菱形立交，车流转向均需要通过地面层完成，交通流转向效率较低，而本节点交通流转向需求大，且转向车流中，大货车占比较大，货车转向困难，造成绿灯时间内车辆有效通过率降低，最终导致节点车辆排队长度较长，延误高。

● 秀厢大道的所有转向交通均需通过侧分带的出口进入辅道，出口段与辅道上的车辆交织相互干扰，降低了通行能力。

● 地面层机非混行，交叉口左转待行区设置不合理，没有预留非机动车（电动车）通过的空间，致使信号灯由红转绿的起始时间段内，非机动车占用机动车行驶空间，左转车辆通行困难，减少了实际的绿灯时间，加剧节点拥堵状况。

B. 设计思路

尽量利用现状桥梁，合理使用现状地形。尽量避开难以拆除的现状建筑。结合交通量预测匹配适宜的匝道形式，邕武路注意与远期衔接，考虑周边大型单位的交通需求。公交站均布置在地面辅道，地面道路的净空控制≥ 4.5m，满足公交车站的布置要求。

C. 设计方案

a. 方案一：三层“半定向组合型全通立交”，见图 6-33。

图 6-33　邕武立交方案—平面效果图

方案一特点：

保留现状的秀厢大道跨线桥梁，邕武路设桥上跨秀厢大道。

避开东北及西北象限的重要建筑。

立交匝道无交织。

北进口左转弯交通量较小，西南象限用地较为宽裕，设置线型指标较差环型匝道，但需要拆除南宁市货运北站两栋建筑，该两栋建筑已经荒废，征拆难度不大。

东、南、西进口左转弯车流相对较大，设置了半定向匝道。东进口右转弯车流量最大，设置双车道右转匝道以满足需求。西进口右转交通量较少，为节省用地及投资，在地面系统增设该右转专用车道，远期交通量增大时，再增设右转匝道。

立交的地面交通系统为大转盘形。

b. 方案二：三层“半定向、半苜蓿叶组合型互通立交”，见图 6-34。

图 6-34　邕武立交方案二平面效果图

方案二特点：

保留现状的秀厢大道跨线桥梁，邕武路设桥上跨秀厢大道。

避开东北及西北象限的重要建筑。

在用地较为宽裕的东南及西南象限设置环形匝道。考虑到主线同一侧两个环形匝道之间流入流出间距较小，因此设置集散车道以减少对主线的干扰。此两处匝道需要拆除南宁市货运北站及狮山公园绿化管理处共 3 栋建筑，分别为 5 层、2 层和 3 层，以及停车场车棚 4 处。

东进口左转交通量相对较大，设置了半定向匝道。东进口右转弯车流量最大，设置双车道右转匝道以满足需求。西进口右转交通量较少，为节省用地及投资，在地面系统增设该右转专用车道。

立交的地面交通系统采用井字形设计。

c. 方案比选

这两个方案都能充分利用现状的秀厢大道跨线桥梁，均能较好地满足交通需求，避让重要建筑，方案一能为交通量较大的西进口左转向设置半定向匝道，线型较好且无交织，但桥梁布置较多，造价相对较高；方案二线型对称优美，造价相对较低，但设置两个环圈匝道，桥上存在交织段，且与交通流向匹配稍差，详见表 6-17 所示。

邕武立交方案比选表　　表 6-17

项　目	方　案　一	方　案　二
立交形式	半定向组合型互通立交	半定向、半苜蓿叶组合型互通立交
立交层数	三层	三层
匝道最小半径	50m	50m
桥面面积	43327m^2	32052m^2
用地面积	252 亩	295 亩
匝道车道数	1、2	1、2
主线最大纵坡	4%	3.572%
匝道最大最大纵坡	4.5%	4.5%
有无交织段	无	在秀厢大道南侧设置集散车道桥
通行能力	匝道设置与交通量匹配	为交通量大的转向提供较好的线型
保留秀厢大道桥梁情况	保留现状桥梁	保留现状桥梁
对消防教导大队影响	需拆除加油站一座	需拆除加油站
对保利・爱琴海影响	无影响	不需拆除
对南宁市货运北站影响	拆除两栋废弃建筑、拆除停车棚	拆除两栋废弃建筑、拆除停车棚
对绿化管理处影响	拆除停车棚	拆除 3 层建筑一栋，拆除停车棚
地面交通设置情况	大转盘形，无须灯控，有交织段	井字形，需要灯控、无交织
建安投资估算	4.92 亿元	4.03 亿元
总投资估算	6.83 亿元	5.74 亿元
总结	（1）两个方案均能避开主要建筑，方案一在东南角拆迁相对较少； （2）两个方案均能为交通量较大的转向交通提供半定向匝道，通行能力相当，但方案一线型指标相对较高，行车更为顺畅； （3）方案一桥梁相对较多，投资相对较高； 综上所述：邕武立交改造推荐采用方案一	

d. 推荐方案可实施性分析及实施建议

从用地角度分析，推荐方案布线时避开难拆迁的武警消防支队教导大队及保利・爱琴海这一成熟小区的用地，项目实施有一定的便利条件。但项目的实施仍需要拆除南宁市货运北站两栋建筑、狮山公园绿化管理处停车场及西北角的加油站。其中，货运北站已基本废弃，征拆难度相对较小；狮山公园绿化管理处停车场为公共用地，方便协商解决；加油站占地不大，征拆难度相对较小。综上，项目实施征拆难度相对较小，但为保证项目的顺利实施，相关部门应尽量进行前期用地的协调工作。

从路网角度分析，邕武路与友爱—安吉大道为两条南北向出城通道，研究期间友爱—安吉大道因地铁施工围挡，南北向出城通道功能弱化，需邕武路进行分流，两个南北通道应至少保证有一条通畅，故应在友爱路通畅后实施节点改造。

此外，为保证施工期间路网运行正常，需要以打通金桥路（邕武路—沙江路）及沙江路作为前提条件，保证车辆能通过绕行北湖路—安武大道—金桥路—沙江路通过施工节点。

④邕宾立交

A. 立交现状

秀厢大道与南梧路、昆仑大道交叉口现状为全苜蓿叶立交。现状桥底辅道机非混行、转向交通交织行驶，交通延误严重。邕宾立交等级与服务功能不匹配，无法实现交通快速疏解，交通日益拥堵。立交东西向南梧大道、昆仑大道至厢竹大道为下坡路段，现状匝道为小半径弯坡组合路段，存在安全隐患。快速路出入口距离匝道起终点较近，交织段不足，干扰辅道直行车流。

B. 设计思路

尽量利用南梧路、昆仑大道现状桥梁；改造立交范围应控制在原立交用地范围；结合交通量预测匹配适宜的匝道形式；减少主线出入口，增加辅道上匝道出入口间距。

C. 设计方案

a. 方案一：两层“半定向组合型互通立交”，见图 6-35。

图 6-35　邕宾立交方案一平面效果图

方案一特点：

在保留现状立交的基础上，增设东向南及北向东两条半定向左转匝道，缓解该方向巨大交通压力。

立交改动小，对秀厢大道、厢竹大道、南梧路、昆仑大道影响小，与方案二的近期方案比，由北往东的左转交通已通过半定向匝道通行，避免在现状桥底下与非机动车交织，近期效果较方案二近期方案好。

远期改造难度大，代价大。

对主线出入口进行改善，立交范围内快速路仅保留一出口一进口；增加辅道上匝道出入口的间距；地面匝道增设隔离护栏，将对向交通分隔。

局部压缩南梧大道中央分隔带宽度（厢竹大道西侧南半幅），增加一条辅道机动车道，保证立交范围内辅道满足单向两车道的通行能力（除现状南梧路跨线桥外）。

优化立交范围内原桥底公交站台位置。

对辅道与地面匝道分、合流处进行渠化设计，设置导流岛，规范行车轨迹，消除交通隐患。

b. 方案二：近期两层“半定向苜蓿叶组合型互通立交”，远期两层“半定向半苜蓿叶组合型全互通立交”，见图6-36、图6-37。

图6-36 邕宾立交方案二近期效果图

图6- 37 邕宾立交方案二远期效果图

方案二特点：方案二特点可见表 6-18。

邕宾立交方案二特点一览 表 6-18

近期特点	远期特点
（1）在保留现状立交的基础上，增设东向南半定向左转匝道，缓解该方向交通压力； （2）立交改动小，可实施性强； （3）与方案一比，由北往东的左转交通仍需要在桥底与非机动车完成交织后，再通过西南角的环形匝道实现转向，近期改造效果较方案一差； （4）近远期结合较好，为远期升级改造成半定向半苜蓿叶组合型全互通立交预留空间； （5）完善立交范围内主线出入口，立交范围内快速路仅保留一出口及一进口，减小出入口对交通的影响；增加辅道上匝道出入口的间距。使交织段长度不小于 150m；地面匝道增设隔离护栏，提高通行能力和安全性； （6）局部压缩南梧大道中央分隔带宽度（厢竹大道西侧南半幅），增加一条辅道机动车道，保证立交范围内辅道满足单向两车道的通行能力（除现状南梧路跨线桥外）； （7）调整优化立交范围内原桥底公交站台位置，利用现状绿地设置岛式公交站； （8）辅道与地面匝道分、合流处进行渠化设计，设置导流岛，规范行车轨迹，同时满足行人和非机动车二次过街的需要	（1）在近期方案基础上进行升级改造，利用近期建成的匝道，近远期结合较好； （2）整个立交选型与交通量预测匹配较好； （3）立交范围内的行人、非机动车通过设置的下穿通道实现通行，公交车与机动车通过匝道行驶，只是在适当位置要从主线进入到辅道的公交站，需要在主辅分隔带设置开口； （4）由于设置了下挖的行人及非机动车通道，需满足规范通行的净空要求，通道高程稍低于原地面，秀厢大道西侧辅道的排水需要较长的距离才能排出

c. 推荐方案可实施性分析及建议

推荐方案（方案一）只在原立交的基础上增加北往东、东往南半定向左转匝道，对秀厢大道、厢竹大道、南梧路、昆仑大道改造小，影响小，施工期间对交通影响小，且不涉及征地拆迁，方案可实施性较高。同时方案实施简单，建设效果明显，建议近期实施。

（3）视交通发展需求，逐步将部分节点按规划规模建设

①科园立交

A. 立交现状

快环——科园大道交叉口现状为菱形立交，快环主线上跨秀厢大道，辅道与科园大道平面交叉。在现状路网建设不完善的情况下，科园大道为高新区中部唯一贯穿西乡塘区及高新区的通道，大量交通流通过本节点转输，导致车辆通过本节点的排队长度及延误时间均较长。其现状存在的问题及原因分析如下：

a. 节点现状为菱形立交，秀厢大道转入科园大道的所有转向交通均需由快车道进入辅道再实现转向，与非机动车相互干扰，降低了通行能力，另外由于东侧进口道转向交通量较大，从而导致了交通拥堵。

b. 在东进口左转交通量中，约有 50% 属于掉头交通，而东进口无专用的掉头通道，掉头车辆需进入交叉口后再进行掉头，进一步加剧了节点的拥堵。此外，秀厢大道地面辅道仅有三条车道（含掉头车道），不能满足交通需求。

c. 南侧出口道有拥堵现象，原因：高新消防位于本立交东南侧的科园东七路上，东七路与科园大道交叉口距离本交叉口约130m，为了方便消防车辆出入，科园大道在距交叉口约130m处设置了中分带开口。在高峰时段，科园东七路周边小区车辆会通过该开口驶入或驶出，从而影响了南北向直行车辆，加剧了本节点的拥堵。

B. 设计思路

在现有菱形立交基础上进行改造，通过分离南北向直行交通优化地面辅道交通信号配时的方式来缓解地面层的交通压力。并设置适当的转向、掉头措施，解决交通拥堵问题。同时南北向设置跨线桥跨越高新东七路，避免科园大道南北向直行的车辆与高新东七路进出的消防车干扰。

C. 设计方案

三层菱形立交，见图6-38。

图6-38 科园立交方案效果图

方案特点：

秀厢大道维持现状不变，设置科园大道跨线桥，依次上跨秀厢大道及高新东七路，将科园大道南北向直行交通与转向交通分离，避免了科园大道上南北向直行交通与高新消防进出车辆的互相干扰，提高交叉口通行能力。

针对东进口掉头车流量较大的情况，在现有跨线桥引道设置专用掉头通道，将掉头车辆提前分离，减轻交叉口压力。

渠化改造地面交叉口，增加车道，优化地面层信号配时改善交叉口通行情况。

方案可实施性分析及实施建议：

从用地条件考虑，方案虽然需要增加用地，但是无征拆，利用道路两侧预留的绿化用地即可完成建设，可实施性较强。

从交通影响角度看，对东西向主要是拓宽地面辅道，并渠化改造地面平面交叉口，对主线的影响较小。但南北向跨线桥建设时，需要对科园大道进行施工围挡，对南北向交通影响较大，需要通过其他通道来缓解施工期间的交通压力。结合路网情况，本节点施工时，可通过友爱—安吉大道进行交通疏解；此外，还可通过建设丰达路，打通丰达—鲁班路连接交通流。而丰达路因拆迁问题暂时无法打通，项目建设缺少疏解通道，建议远期实施。

②北湖立交

A. 立交现状

结合交通调查及现场情况，对本节点的拥堵的原因分析如下：

a. 节点相交道路等级较高，交通需求大。

b. 节点现状为菱形立交，车流转向均需要通过地面层完成，交通流转向效率较低，而本节点交通流转向需求大，且转向车流中，桥底视线受阻影响较大，造成绿灯时间内车辆有效通过率降低，最终导致节点车辆排队长度较长，延误高。

c. 秀厢大道的所有转向交通均需通过侧分带的出口进入辅道，出口段与辅道上的车辆交织相互干扰，降低了通行能力。

d. 地面层机非混行，交叉口左转待行区设置不合理，没有预留非机动车（电动车）通过的空间，致使信号灯由红转绿的起始时间段内，非机动车占用机动车行驶空间，左转车辆通行困难，减少了实际的绿灯时间，加剧节点拥堵状况。

根据交通分析，秀厢大道出入车辆均通过辅道，而且车辆在主线出入口容易拥堵，导致通行能力下降。秀厢大道辅道与北湖路交通采用灯控十字交叉口进行控制，且右转未设置渠化车道，通行能力低。现状北湖立交的菱形立交形式已经无法满足转向交通流的需要，剩余承载力也已不足。因此亟须对北湖立交进行有针对性的改造，提高路口的通行能力。

B. 设计思路

保留现状菱形立交，避开难以拆除的现状建筑，增设匝道增大通行能力，分离各方向交通流。

C. 设计方案

a. 方案一：两层“苜蓿叶全互通立交”，见图 6-39。

图 6-39　北湖立交方案一效果图

方案一特点：

保留现状的秀厢大道跨线桥梁，并在秀厢大道两侧增设集散车道。

根据交叉口各方向转向交通较均衡的特点，设置与之相应的全苜蓿叶型立交。

苜蓿叶转向匝道均采用路堤式，投资较省。

立交的西侧与朝阳沟现状位置有冲突，需要将朝阳沟改道或设置为暗渠。

避开四个象限的重要建筑。

b. 方案二：三层“菱形立交”，见图 6-40。

图 6-40　北湖立交方案二效果图

方案二特点：

对秀厢大道、北湖路改造小、影响小，但由于在北湖路设置桥梁上跨秀厢大道，需对北湖路进行改造，且由于北湖上跨桥梁与地面层高差约 15m，所需引桥引道均较长（约 350m）。

将北湖路南北向的直行交通分离，各转向交通仍通过地面辅道层解决，通过缩短南北向绿灯时间优化地面信号配时，将地面辅道扩宽并进行渠化，提高交叉口通行能力。

避开四个象限的重要建筑。

c. 方案比选

方案均能充分利用现状的秀厢大道跨线桥梁，均能避让重要建筑，减少拆迁量。方案一通过苜蓿叶匝道能较好解决交通转向问题，且拆迁房屋均为两层以下民宅，拆迁难度较小；方案二拆迁量略小于方案一，但是仅能解决北湖路直行交通，转向问题只能缓解，未能彻底解决。比选详见表 6-19 所示。

d. 推荐方案可实施性分析及实施建议

从用地角度分析，北湖立交东北象限有南宁市残疾人活动中心，为新建 9 层建筑，距离交叉口中心 115m；西北象限为北湖住宅小区，该片区均为 7 层建筑，距离交叉口中心 150m；立交的西南象限为南宁市中医医院，为 15 层建筑，距离交叉口中心 110m；立交的西北象限为精通商务酒店，为7层建筑，距离交叉口中心120m。以上建筑均拆迁十分困难，立交方案设计均考虑了避让，仅需征用西南象限南宁市中医医院部分地面停车场。

北湖立交方案比选表 表6-19

项目	方案一	方案二
立交形式	苜蓿叶全互通立交	菱形一般立交
立交层数	两层	三层
匝道最小半径	22m	—
匝道车道数	1	—
集散车道	秀厢大道、北湖路均设置集散车道	—
通行能力	能很好解决交通转向问题	仅解决北湖路直行交通，转向问题未能彻底解决
保留秀厢大道桥梁情况	不需拆除	不需拆除
对南宁市残疾人活动中心影响	不需拆除	不需拆除
对北湖小区影响	不需拆除	不需拆除
对南宁市中医医院影响	不需拆除	不需拆除
对精通商务酒店影响	不需拆除	不需拆除
地面交通设置情况	均通过匝道转向	灯控十字平面交叉
建安投资估算	约1.65亿元	约2.28亿元
总投资估算	约3.25亿元	约2.86亿元
总结	（1）两个方案均能在用地受限严重的情况下避开主要建筑，方案二拆迁量相对较少，且多为道路渠化展宽占用，拆迁实施难度相对较小； （2）方案一通过苜蓿叶匝道能较好解决交通转向问题，行车更为顺畅。方案二仅能解决北湖路直行交通，转向交通问题仅能缓解，未能很好地解决； （3）方案二设置主线桥梁上跨秀厢大道，投资相对较高；方案一所有匝道均为路堤式匝道，投资较少； （4）方案一需改造朝阳沟，方案二没有占用现状朝阳沟，不需要进行改造。 综上所述：北湖立交改造推荐采用方案一	

从现状地形分析，北湖路西侧朝阳沟为现状水系，立交用地与朝阳沟有冲突，可以采用设置暗涵解决。

从施工期间交通组织分析，北湖立交现状转向交通均通过秀厢大道主线两侧地面辅道及北湖路解决，在施工四个象限的匝道时，对现状立交桥及交通影响不大。

6.3.3 南环交通整治设计

1）南环整治对策

近期采用“以侧分带和沿线单位出入口整治为主、增加平行通道为辅”，远期采用“预留公交专用道为主，区域交通管理为辅”的整治思路。

2）南环路段优化设计

①近期：优化沿线出入口。

A. 取消侧分带出入口。

建议取消位于白沙壮锦立交东北角的出口、白沙友谊立交东南角入口以及白沙北三里前出口。在白沙桥头增加两个出入口。

B. 侧分带出入口设置形式由直接式改造为平行式。

南环现状直接式出入口约占 78%，没有设置变速车道，进出快速路的车辆对主线和辅路的直行车流均造成直接干扰。建议通过侧分带出入口附近局部拓宽，形成加减速车道，以减少进出主线的交通对主道交通的影响。白沙大道局部路段没有绿化控制带，出入口不作改造。

改造直接式入口：6 个，主要位于白沙大道（白沙友谊立交以西）和南站大道。

改造直接式出口：6 个，主要位于白沙大道（白沙友谊立交以西）和南站大道。

改造直接共用出入口：4 个，主要位于白沙大道（近桥头处）和南站大道。

图 6-41 为南环沿线侧分带出入口优化示意图。

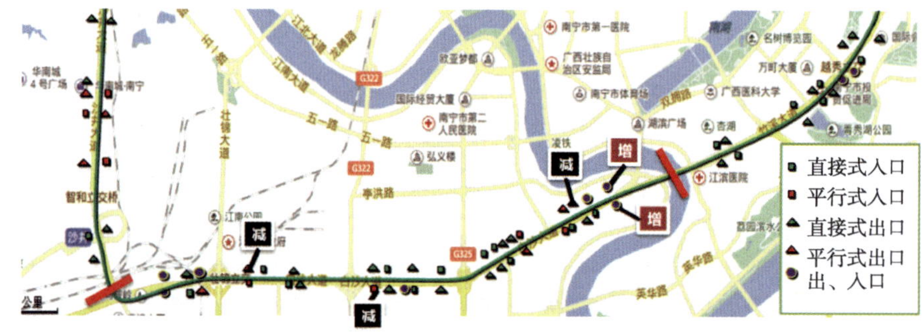

图 6-41　南环沿线侧分带出入口优化示意图

C. 优化沿线单位出入口设置。

南环沿线单位设置的单位出入口较多，取消广西建工集团设备水电安装分公司出入口。为避免单位出入口正对侧分带开口，调整尚易酒店等 6 个沿线单位出入口，见图 6-42。

图 6-42　南环沿线单位出入口优化示意图

②远期：预留公交专用道方案。

根据南宁市中运量公交试点线路研究，现状白沙大道（星光大道—白沙桥南）段日均公交客流达到 5~8 万人次，其余快环路段日均公交客流小于 3 万人次。根据公交都市规划，未来白沙大道—竹溪大道—厢竹大道成为南宁市五条辅助放射走廊之一。因此，东南环（厢竹大道—竹溪大道—白沙大道）有必要预留公交专用道。

按照快速路的主道车速行驶规定，车速不得低于 60km/h，而按照《快速公共汽车交通系统设计规范》（CJJ 136—2010）中 4.3.3 规定：在封闭的专用路、专用车道路段和设站台屏蔽门的车站站区，快速公交车辆的行驶速度不应大于 60km/h；通过不设站台屏蔽门的车站站区时，行驶速度不应大于 30km/h。车速过快，车上乘客安全难以保障，公交专用道不宜设置在主道上，而设置在辅道上更为合理。

现状白沙大道（南建至白沙桥南）由于设置了加减速车道，主道改造为双向 8 车道，现状辅道只有 3.5m 机动车道和 3.5m 非机动车，若是要在辅道设置公交专用道，则没有空间设置非机动车道，需要进一步压缩两侧绿化控制带，增加一条公交专用道，见图 6-43。

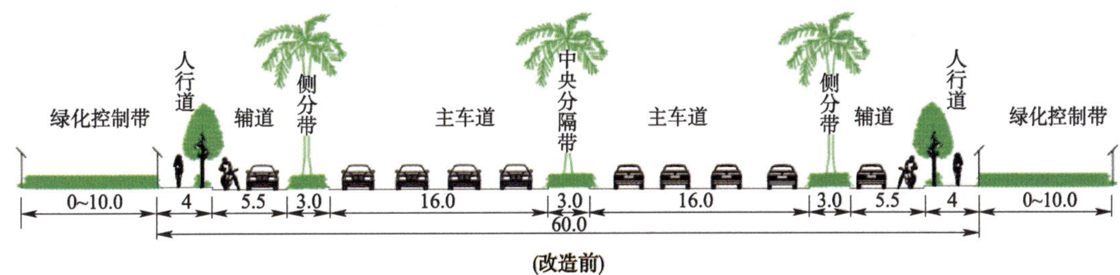

(改造前)

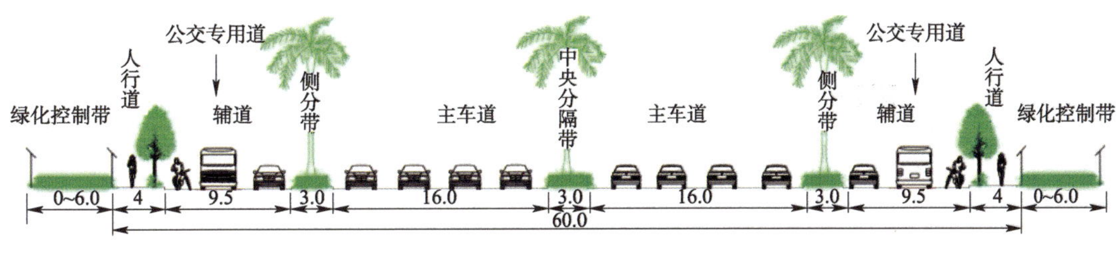

(改造后)

图 6-43　白沙大道（南建至白沙桥南）预留公交专用道的横断面改造前后对比示意图

由于现状白沙大道两侧很多区域没有绿化控制带，难以拓展出空间设置公交专用道，建议远期结合沿线改造再同步实施公交专用道。

3）南环节点优化设计

南环范围内有星光—白沙立交、白沙—友谊立交 2 座枢纽立交，以及 3 座一般立交。目前这些立交均于近一两年改造完成，立交拥有较大的剩余承载力，无须改造，见表 6-20。

南环沿线立交节点定位　　表 6-20

立交类型	立交名称
枢纽立交	星光—白沙立交、白沙—友谊立交
一般立交	白沙立交、亭江立交、白沙—壮锦立交

6.3.4 西环交通整治设计

1）西环整治对策

近期采用“以区域路网完善为主、自身局部优化为辅”，远期采用“以节点优化完善为主，区域交通管理为辅”的整治思路。

2）西环路段优化设计

主要从沿线出入口优化着手。

（1）取消侧分带出入口。

清川大桥桥北的侧分带入口与清川大道华侨大学门前入口距离仅有 170m，建议取消清川大桥桥北的侧分带入口。

（2）侧分带出入口设置形式由直接式改为平行式。

西环因开发原因，现状出入口设置不完善，仍有部分出入口为直接式出入口，没有设置变速车道，进出快速路的车辆对主线和辅路的直行车流均造成直接干扰。建议通过侧分带出入口附近局部拓宽，形成加减速车道，以减少进出主线的交通对主道交通的影响。

清川大道改造直接共用出入口：2 个，位于清川大道广西华侨学校北侧。

沙井大道现状直接式出入口约占 55%，需要进行改造。改造 2 个直接式入口，改造 6 个直接式出口。

图 6-44 是西环沿线侧分带出入口优化示意图。

图 6-44 西环沿线侧分带出入口优化示意图

（3）优化沿线单位出入口设置。

西环沿线单位设置的出入口较少，仅需要调整安顺汽车维修场和两个停车场等 3 个沿线单位出入口，见图 6-45。

图 6-45　西环沿线单位出入口优化示意图

3）西环节点优化设计

（1）主要节点定位。

西环范围内有沙井—南站立交（建设中）1 座枢纽立交，以及 4 座一般立交，见表 6-21。

西环沿线立交节点定位　　表 6-21

立交类型	立交名称
枢纽立交	沙井—南站立交（建设中）
一般立交	智和立交、定秋立交、沙井—南乡立交（规划）、清川桥南立交

（2）视交通发展需求，逐步推进规划节点建设。

沙井—南乡立交

A. 现状分析

本项目为现状道路与规划道路相交处修建立交桥，所在区域沙井大道和五一路为现状道路，南乡路为规划道路，其中沙井大道为城市快速路，南乡路和五一路为城市主干路。

主要影响节点分析：

沙井—南乡节点与沙井大道—江南大道交叉口（清川大桥南桥头立交）、沙井大道—五一路交叉口、沙井大道—定秋路（富乐大道）交叉口、南乡路—五一路交叉口、三津大道—南乡路交叉口相邻，其中，沙井五一路口与沙井南乡路口距离仅510m，在进行南乡立交设计时，要统一考虑。

B. 设计思路

由于沙井大道—南乡路路口和沙井大道—五一路路口相距只有510m，距离过近，要通过对沙井大道—南乡路路口和沙井大道—五一路路口的改造，解决交叉口未来因交通流量大，将可能造成过往车辆拥堵时间过长的问题，实现交叉口交通快速转换的功能；同时对清川大桥桥底的江南大道进行改造，使之交通更顺畅。

沙井大道—南乡路交叉口四周为现状村民居住区，南乡路及交叉口尚未进行征地拆迁，交叉口内存在一条战备铁路，限制了立交的展开，因此只可选用菱形立交。

沙井大道—五一路交叉口四周城市化程度较高，喇叭形、苜蓿叶形、环形、组合式全互通等立交占地较大，在方案设计中不推荐选用见图6-46。

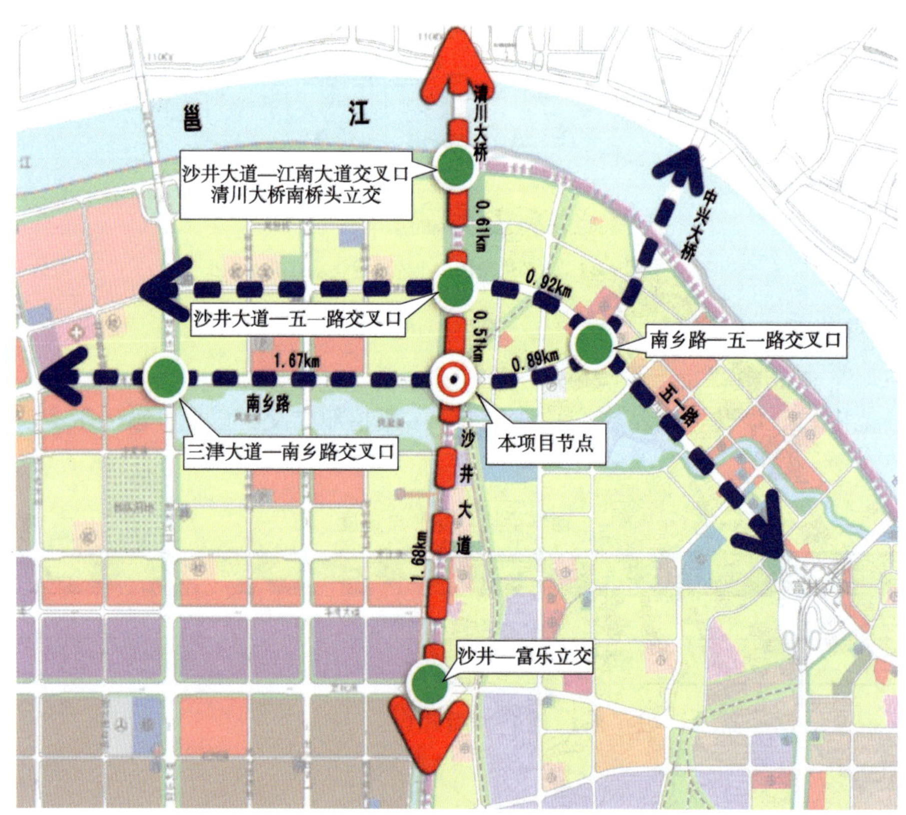

图6-46　主要影响节点示意图

C. 设计方案

a. 方案一：沙井大道—南乡路交叉口菱形立交+沙井大道—五一路口平交方案。

保证沙井大道—南乡路交叉口范围内沙井大道的直行交通，控制不突破立交规划用地，沙井大道主线上跨南乡路，沙井大道辅道与南乡路形成十字平面交叉口。沙井大道—五一路交叉口为平面交叉口。清川大桥南桥头保留两边上下桥的非机动车匝道，拓宽沙井大道连接江南大道的辅道，在江南大道两头增加掉头车道，使整个交通运行顺畅。设计范围内交叉口均进行展宽渠化设计，见图 6-47。

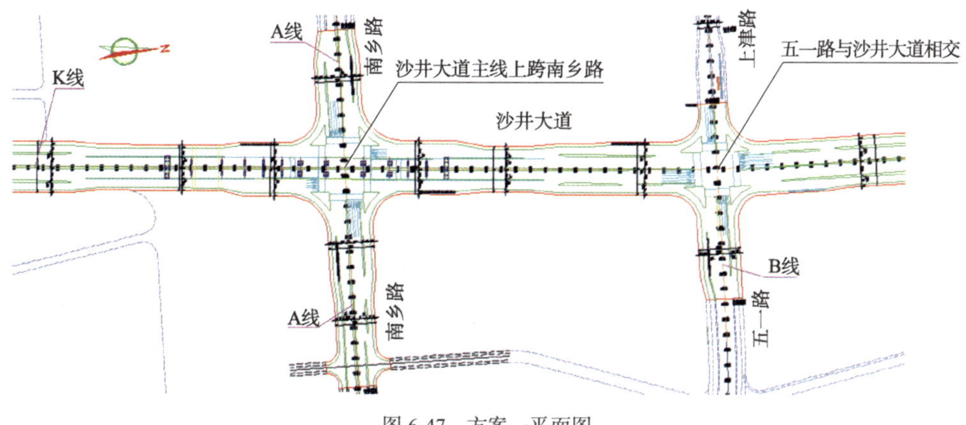

图 6-47　方案一平面图

方案一特点：

工程范围内的沙井大道及辅道均需改建，改建后的南北向过江交通顺畅。

沙井大道—南乡路地面设置平交路口，沟通南乡路和沙井大道辅道，交通适应性虽不如互通式立交，但在节约工程造价的同时，仍能保持一定的服务水平，且对南乡路两侧建筑影响小，便于周边地块开发。

除沙井大道主线交通外，其余各转向交通皆通过地面系统转换，地面交通系统保证了行人、非机动车和公交车的通行，便于设置港湾式公交站。

本方案新增征地面积很少，拆迁量较小，不突破立交控制用地。

工期较短，但施工期间需封闭沙井大道主线交通，主线车流经交织段转移到辅道，对过江交通造成一定影响。

清川大桥南桥头保留两边上下桥的非机动车匝道，对清川大桥桥底改造工程量小。

b. 方案二：沙井大道主线依次上跨南乡路—五一路 + 上下桥匝道方案。

保证沙井大道全线的直行交通，控制不突破立交规划用地，沙井大道依次上跨南乡路、五一路，沙井大道辅道分别与南乡路、五一路形成十字平面交叉口。沙井大道上跨主线采用机动车为双向六车道；南乡路道路红线宽度为 50m，机动车为双向六车道，交叉口范围进行渠化展宽；五一路道路红线宽度为 50m，机动车为双向六车道，交叉口范围进行渠化展宽；上津路道路红线宽度为 30m，机动车为双向四车道，交叉口范围进行渠化展宽。拆除清川大桥南桥头两边上下桥的非机动车匝道，调整清川大桥引道纵坡，非机动车通过沙井大道辅道直接上下清川大桥。在沙井大道—南乡路交叉口和沙井大道—五一路交叉口之间高架桥两侧增加出入口匝道，西侧设置下桥匝道，东侧设置上桥匝道，见图 6-48。

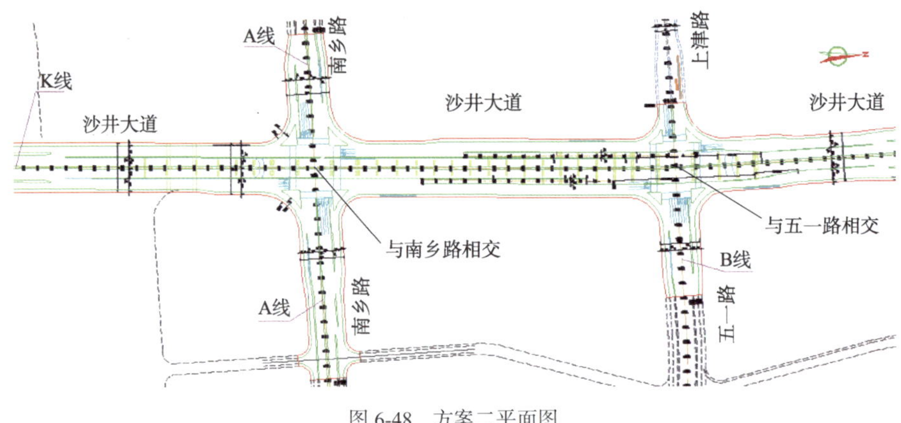

图 6-48　方案二平面图

c. 方案三：五一路交叉口变形苜蓿叶立交、南乡路交叉口菱形立交（沙井大道上跨南乡路）。

保证沙井大道的直行交通，控制不突破立交规划用地，沙井大道—五一路交叉口采用变形苜蓿叶立交。五一路上跨沙井大道，主线采用机动车双向四车道，同时两边设置集散车道。

沙井大道—南乡路交叉口采用菱形立交，沙井大道上跨南乡路，辅道与南乡路形成十字平面交叉口。沙井大道上跨主线采用机动车为双向六车道；南乡路道路红线宽度为 50m，机动车双向六车道，地面交叉口范围进行渠化展宽，见图 6-49。

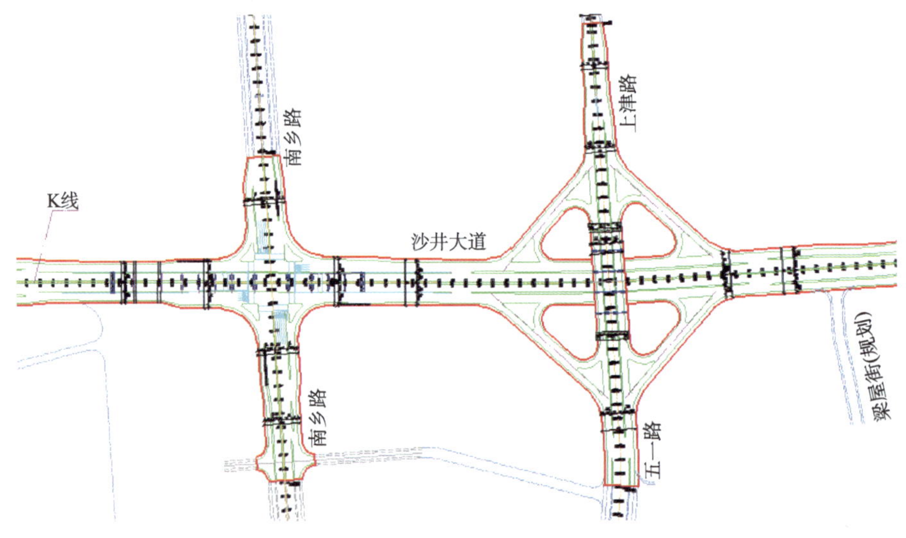

图 6-49　方案三平面图

方案三特点：

工程范围内的沙井大道主线及辅道均需改建，改建后的南北向交通顺畅。五一路需要调整现状纵坡，上跨沙井大道。

与南乡路交叉口在地面设置平交路口，沙井大道辅道和南乡路平面交叉，交通适应性虽不如互通式立交，但在条件限制下，节约工程造价的同时，仍能保持一定的服务水平。

沙井大道—南乡路交叉口各转向交通皆通过地面系统转换，地面交通系统保证了行人、非机动车和公交车的通行，便于设置港湾式公交站。

本方案新增征地面积较大，拆迁量较大，五一路交叉口拆迁量大。

工期较长，施工期间需封闭沙井大道主线交通，主线车流经交织段转移到辅道，对沙井大道影响较大。

清川大桥南桥头保留两边上下桥的非机动车匝道，清川大桥桥底改造工程量小。

d. 方案对比分析

沙井南乡路口及沙井五一路口三个设计方案对比见表 6-22。

沙井南乡路口及沙井五一路口方案对比分析 表 6-22

比较内容		方案一	方案二	方案三
功能指标	立交类型	沙井大道—南乡路交叉口菱形立交（沙井大道上跨南乡路）	沙井大道主线依次上跨南乡路—五一路＋上下桥匝道方案	沙井大道—五一路交叉口苜蓿叶立交（五一路上跨沙井大道） 沙井大道—南乡路交叉口菱形立交（沙井大道上跨南乡路）
	立交层次	2	2	2
	立交最高程高	85.02m	85.02m	85.02m
	辅道条数	4	8	4
	辅道车道数	2	2	2
	匝道条数	—	2	4
	匝道车道数	—	1	2
	地面系统	信号灯控制，渠化展宽平交	信号灯控制，渠化展宽平交	信号灯控制，渠化展宽平交
	交通功能适应性	该方案确保了南乡路交叉口南北向直行交通通畅，南乡路地面十字平交口远期服务水平为二至三级，有一定延误。五一路交叉口服务水平为四级以下，不能满足交通需求	该方案确保了沙井大道南北向直行交通通畅，南乡路交叉口、五一路交叉口地面层采用信号灯控制，各进口道的服务水平均达到三级以上服务水平，满足交通量要求。南乡路交通流可通过上桥匝道进入沙井大道主线	该方案确保了沙井大道南北向直行交通通畅，南乡路交叉口服务水平为二到三级，有一定延误
	集散车道	无	无	2 车道
经济指标	占地面积（亩）	262.7	284.4	388.8
	总投资	32647.85 万元	47121.39 万元	62661.79 万元

续上表

比较内容		方案一	方案二	方案三
环境指标	对周边小区的影响	一般	一般	较大
	景观造型	较美观	较美观	较美观
节能指标	利用老路程度	一般	一般	一般
	突破立交用地控制线	未突破	未突破	未突破
管理指标	施工难易程度	一般	一般	较复杂
方案优缺点		优点：形式简单，新征地面积少，拆迁数量少，投资最小，不突破立交控制用地线，能保证南乡路交叉口南北向主线快速通行。 缺点：南乡路交叉口地面设置平交口，转向交通与非机动车交通未分离，有一定延误。五一路交叉口未设置立交，交通量过大，服务水平不能满足交通需求	优点：形式简单，新征地面积少，拆迁数量少，投资较小，不突破立交控制用地线，能保证两个路口南北向主线快速通行。南乡路交通流可通过上桥匝道直接进入沙井大道主线。 缺点：地面设置平交口，转向交通与非机动车交通未分离，有一定延误	优点：形式简单，不突破立交控制用地线，能保证两个路口南北向主线，以及五一路交叉口各方向交通快速通行，投资最大。 缺点：新征地面积稍多，南乡路交叉口地面设置平交口，转向交通与非机动车交通未分离，有一定延误

6.4 衔接配套设施整治设计

6.4.1 优化公交设施配置

1）及时跟进沙井大道的公交线路

随着华南城、江南华府、融晟公园大地等居住楼盘开发成熟，沙井大道上公交线应及时跟进。

2）将侧分带上站点调整至人行道上

将白沙大道（南建路—葫芦鼎大桥）沿线的公交站点从侧分带上调整至人行道上，见图 6-50。

3）加大港湾式公交站点改造力度

利用绿化控制带拓宽改造成港湾式公交站点，有利于减少公交对快环沿线交通的干扰，见图 6-51。

图 6-50　白沙大道公交站调整示意图

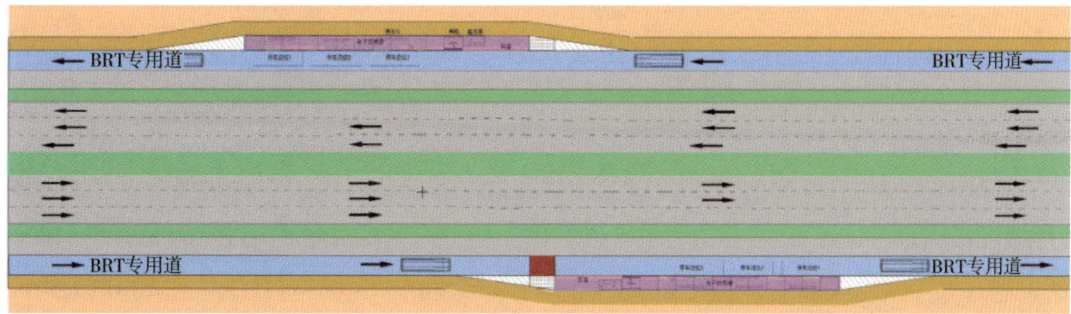

图 6-51　港湾式公交站示意图

6.4.2　完善行人过街设施设置

①通过在中分（间）带增设防撞护栏，阻断不良穿越行为，护栏形式结合周边绿化及环境综合考虑。

根据《城市快速路设计规程》（CJJ129—2009）中的 9.3.4 规定："当快速路主线整体式断面的中间带宽度小于 12m 时，必须在中间带两侧设置防撞护栏或防撞墩"。现状快环的中分（间）带宽度仅 3m，小于规范要求的 12m，故全段须增设防撞护栏，见图 6-52。

图 6-52　防撞护栏示意图

②考虑在快环人流量大的区域增设人行过街设施，保证行人安全。《城市人行天桥与

人行地道技术规范》（CJJ 69—95）规定：路段上双向当量小汽车交通量达 1200pcu/h 或过街行人超过 5000 人次 /h，应设人行过街设施。如现状沙井大道融晟公园大道路段，居民多，为增加安全性，建议增设人行过街天桥。

③增设人行过街设施，确保合适的人行过街间距。《城市人行天桥与人行地道技术规范》（CJJ 69—95）规定：行人横过市区封闭式道路或快速路或机动车道宽度大于 25m 时，可每隔 300~400m，设一座人行天桥。现状快环沿线行人过街设施比较缺乏，相邻两座过街天桥相隔在 1000m 以上。

6.4.3 安全配套设施

1）针对平面交叉口交通事故黑（多发）点完善配套设施

①采用渠化、交通标志、信号控制优化措施，强化交通标志的警示作用。

②为解决电动自行车过街量大的问题，要考虑增加非机动车待转区。

③针对大车右转存在盲区的问题，在交叉口交通设计时组织左转非机动车二次过街（即通过两次直行过街），并在道路中央设置行人与非机动车二次过街避险的保护区，从空间上分离机非冲突。在右转机动车及过街行人及非机动车流量较大的交叉口，可对右转机动车采用信号控制，从时间上将其与过街的非机动车和行人分离。

④优化交叉口信号配时，在大车转弯多的路口，建议直行与左转分开放行，避免机动车、非机动车车流冲突及交织，增加车辆安全性。

完善平面交叉口配套设施可见图 6-53。

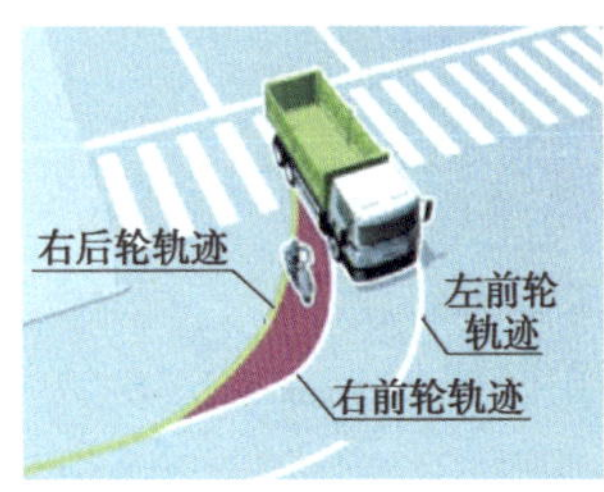

图 6-53　平面交叉口配套设施示意图

2）对立交匝道交通事故黑（多发）点完善配套设施

①立交匝道内漆画彩色路面，增大（特别是大雨、冰冻恶劣天气状况下）路面的摩擦系数，缩短制动减速所需要的距离。增加部分匝道急转弯区域横断面的路面超高，以提高车辆通过的安全性。

②增设匝道内特别是互通区的照明系统，提高匝道内的亮度。夜间在匝道上行车，有效视距比较短，尤其是在急转弯时视距更短，通过提高互通区照明，可增加驾驶人的视野识别距离以利其更早采取对应措施。

③超速行驶是匝道发生交通事故的重要诱因，可在事故多发的匝道口设置固定测速装置或测速虚点，通过感应闪光装置提醒驾驶人控制车速，以达到降低车速的目的；同时也

可以为匝道交通事故的处理工作提供第一手证据。

④定期修剪匝道区域的绿化，避免绿化遮挡视线，造成事故。

立交匝道的配套设施可见图 6-54。

图 6-54　立交匝道配套设施示意图

6.4.4　出入口处附属设施

严格按规范布置交通标志，清晰、准确地设置交通标志内容，使驾驶员尽早做好换道准备。采用反光柔性柱、反光防撞桶和减速标志牌配合地面交通标志组合形式，为驾驶人提供良好的出入口交通环境。主要出入口采取“连续减速 + 警示标志 + 指示标志 + 电子警察”的组合形式进行预告和警示，限速标志与辅助标志配套使用。将现状东环上的彩色标线推广至快环全段。

6.5　智能设施建设

6.5.1　建立快速路智能交通管理系统

快速路智能交通管理系统以快速路交通管理为主要目标，其服务对象包括快速路的使用者（驾驶员）、管理者（交通管理部门）和建设者（市政部门）。针对快速路的道路特点和交通特点，快速路智能交通管理系统由交通信息采集子系统、交通数据流分析子系统、交通监控子系统、突发事件检测与处理子系统、交通信息发布与诱导子系统、联网收费子系统、交通设施管理子系统、交通决策支持子系统和智能交通监控管理平台等组成。

6.5.2　加快智能设施配套

1）增设交通诱导设施，实现信息发布与交通合理诱导

从交通量预测看，在交通量较高的快速路路段中，快环东南部竹溪大道（青山路—民族大道路段）、厢竹大道（民族大道—昆仑大道）、快环北部横向路段出现交通拥堵的概率较大，可以考虑在这些路段适当 设置一些交通诱导设施，引导车辆顺利经过快速路进出口匝道实现合流或分流，以提高通行效率，缓解拥堵。

2）合理布设交通监控通信设施，完善交通监控子系统

和诱导类似，快环东南部竹溪大道（青山路—民族大道路段）、厢竹大道（民族大道—昆仑大道）、快环北部横向路段等拥堵路段宜设置适量的监控设施，实时观测各路段的交通运行状况，并将监控系统与智能诱导系统进行统一的管理。同时考虑到未来西环沙井大道和清川大道流量的增加，在主要节点增加监控通信设施。

3）启用匝道管理子系统，调节进出快速路的交通流

匝道管理子系统的功能主要包括信息采集、多级策略的调控、信号的协调、信息的发布，以及多系统的关联。借鉴上海、深圳等城市的经验，对出入口采用入口控制、出口控制及应急控制三类总体控制策略。入口匝道处及出口匝道相连辅道上设置信号灯，平峰时间采用单点控制，高峰时间采用整体协调控制方法，调节进出快速路的交通流。

出入口选点原则：

常态交通状况下主线易拥堵，汇入车流较大的路段。

服务于大型活动，保障交通运行的路段。

出入口现状道路基础条件、线形较好，实施可行性好的位置。

出入口连续汇入及分流，可实现协调控制的路段。

4）完善交通事故快速处理系统，提升应急处置能力

宜在城市道路交通紧急救援系统的大框架下，对于日常以及特殊时期的道路紧急事件或交通事故，能与 110 、122 社会联动系统、消防指挥中心等公安内部系统进行联动控制，达到快速响应的目的。同时进行信息发布，引导出行者和在途车辆避开事发路段，合理选择其他道路，并协助公安办案人员调查、取证、处理，快速疏散人群等。

7 实施保障措施与建议

7.1 资金保障

南宁市各级政府和交通部门应增加对快速环路整治的资金投入，提高关于快速环路整治可实施性研究和重点难点攻关项目等科研专项费用，加快快速路网建设。

利用现有筹资渠道，坚持各种行之有效的筹资方式，充分发挥各方面的积极性。引入社会资本到道路交通基础设施建设领域，可以降低筹资成本，优化资金组合，防范资金风险，最大限度地发挥社会资金的积极作用，对提高效率，降低建设和管理成本具有积极意义。创新筹资渠道、多方位筹集建设资金的方式主要有以下几种：

①争取优惠政策支持，减免有关费、税，降低投资成本。

②灵活采取多渠道融资方式，以建养建，同时推出项目招商引资，有权使用国有投资，实现投资良性滚动循环。

③发挥场站窗口地理位置优势，充分利用资源，实行多渠道投资，多行业开发。

7.2 组织保障

建议成立城市快速路网整治工作领导小组，由市政府主要负责同志任组长，分管负责同志任副组长，有关部门主要负责同志为成员。领导小组下设办公室，负责具体工作，加强调度和督查，形成职责明确、分工有序、配合密切、协调有力的工作机制，确保各项目标任务落实到位。

强化主管部门的统筹协调职能，着力解决快速环路改扩建过程中存在的重大问题：发挥政府主导作用，强化规划编制及组织实施、政策制订、考核评定等职能；加强快速路工程工作专业队伍建设，调整和充实物流的管理机构，进一步完善领导协调机制，逐步实现统一领导、统一规划、统一建设、统一标准、统一管理。

成立城市快速路整治研究机构，加强与国内外知名专家及团队技术合作，增强城市交通的综合分析和预测研判，提高交通管理的科学性、前瞻性。建立健全专家论证与公众参与相结合的科学决策机制，提升决策水平。

加强监督考核，落实工作奖惩。建立健全城市快速路网整治行动推进工作监督考核机制，通过各种有效手段加强对各项工作落实情况的监督、检查、考评，定期通报工作进展情况，并纳入领导干部和单位重点工作任务目标考核内容，严格落实奖惩措施，推动各项任务的全面完成。

7.3 人员保障

要完成如此繁重的快速路整治任务，需要大量的专业技术人才。目前南宁市应进一步增加道路工程技术人员的数量，提高“质量”。加强道路建设技术人员的培训，提高道路建设者的素质，是当务之急。建议各个有关单位和部门应根据各个时期的建设任务，制订人才培养计划，使人才满足快速路整治的需求，保证快速路整治的顺利进行。在培养人才的基础上大力加强新技术、新工艺、新材料的研究和推广应用；在管理上向国际管理靠拢，逐步推广运用现代化的管理手段进行规划和建设管理。

7.4 管理保障

快速路改扩建涉及道路施工封闭、拆迁等方方面面，因此需要在快速路改扩建前期充分利用报纸、公众广告、网站等媒介进行宣传，提高城市居民的相关意识，减少社会风险；在快速路分段施工围挡期间，往往会带来城市居民出行不便的负面影响，所以应加大道路疏解的宣传工作，减少城市居民不必要的绕行，减少居民抵触情绪。快速路改扩建的部分区域是居民聚集区，人口密度大，车辆多，小区内外交通都很繁忙，再加上周围地上、地下各种设施错综复杂，忽视任何一点都会使得工程的进行举步维艰。对此，在进驻现场前要想得细致，要做大量的准备工作，要派专人进行居民导行，各种标识、警示、围挡都事无巨细的进行布置，而且在进场前进行详细的勘测，详细调查各种地下、地上设施，及时联系相关管理部门进行配合。由于实际工程实施阶段，仍会遇到一些事前未做充分准备的问题，需完善投诉反馈渠道，以便解决工程施工带来的噪声、粉尘等问题。

8 交通管理措施展望

快速路的交通管理是一项复杂的系统工程，需要从多个角度、多个方位、多个环节综合考虑，充分运用先进交通理念、现代科学技术以及多学科交叉协同创新方法，才能充分提升快速路的通行效率，以达到缓解城市交通拥堵的目的。

本书通过“找问题、去干扰、保车速、提效率”的思路，以着力打造安全、畅通、高效的快速环路为目标。交通管理措施可从以下几方面进行展望[11][12]。

措施一：设置潮汐车道，提高车道利用率

快速路作为连接城市各个片区的主要交通干道，道路沿线用地存在差异化，许多城市有明显的职住分离特征。同样，交通流也具有明显的潮汐特征（即道路双方向交通流量差异较大）。因此，利用“潮汐车道”来实现车道最大化利用，成为治堵的“非常规武器”。

快速路潮汐车道是根据快速路早晚交通流量不同情况，对有条件的路段，开辟某一车道不同时段内行驶方向根据交通流的变化而变化的车道。

通过详细的调查统计分析，对快速路交通流具有潮汐特征的路段在工作日早晚高峰时段，实施自动化潮汐车道的交通组织模式，可大幅提高快速路车道的利用率，有效缓解早晚高峰快速路的拥堵问题。

措施二：设置快速路合乘车道，减少车辆空载率

合乘车道（即 HOV 车道）是指：在规定的时间段内只允许两个或两个以上乘员车辆专用通行的车道，保证高乘客率车辆快捷、方便通行。目前，城市快速路车辆空载率较高，严重影响了快速路的通行效率。

通过设置快速路合乘车道，可以减少道路机动车数量，进而提高小时通过客流量，缩短高乘客率车辆的运行时间，吸引更多的人采用合乘出行方式，从而可以降低道路上车辆总数，缓解交通拥堵，减少交通延误和降低废气排放量。

措施三：大力发展智慧交通，打造快速路智能交通管理系统

快速路智能交通管理系统的服务对象包括快速路的使用者（驾驶员）、管理者（交通管理部门）和建设者（市政部门）。快速路智能交通管理系统的主要目标是要通过对快速路数据和信息的收集和共享，提高和增强各交通管理系统的功能，对各交通管理系统进行功能扩展和集成，同时在综合信息的基础上通过数据挖掘和决策支持等技术提高交通系统的综合水平。

基于快速路智能交通管理系统，并结合快速路的交通运行特点，具体方法包括：

完善交通流诱导控制系统。当城市快速路主路处于非常状态下，即因交通负荷过大、交通组织不当或由于交通事故引发主路交通堵塞发生时，需要使用交通诱导控制措施缓解交通拥堵。在快速路中使用的交通诱导主要措施包括向拥堵点或堵塞点上游的交通流提供拥堵信息、对临近拥挤点的上游出入口实施控制、在拥挤点实施应急交通管理等。

完善入口匝道实时控制系统。当快速路主路的交通需求量接近或超过其交通供给能力时，需要对其入口进行必要的控制，以减少主路交通拥堵的发生，并提高安全性。入口匝道控制是在入口匝道上使用交通信号，用来控制进入主线的车辆数，以达到改善快速路运行状态的控制手段，即通过对主路交通负荷、车头时距等的检测，实现对快速路入口处的红绿灯进行控制，从而限制进入快速路主路的总流量，以调整和均衡快速路主路车流的车速、流量、车辆密度，避免拥堵发生。

完善快速路自动监控系统。该系统可以使管理中心及时掌握路面车流情况，并能准确拍摄违章信息。当快速路上发生紧急突发事件时，这种信号控制系统还可以用于及时实施交通管制。如某一路段出现拥堵状况，监测系统发现该路段车流较长时间停滞或迟缓，控制中心的电脑系统就会根据这一情况对相应路段电子标识进行调整，如调整沿线限速、改变车道、新增车道等，以缓解堵塞。

完善快速路可变限速控制系统。在快速路上通过先进的交通流特征参数和交通环境特征参数自动检测技术获取路上车流量及路况参数，由计算机基于一定控制策略自动调整当前限速值，并通过可变限速板（可变情报板）将信息实时发布给道路使用者，实现快速路上的可变速控制，使车流形成连续流。在大雾天气及道路出现事故情况时能对稳定交通流起到明显作用，对提高快速路行车安全、降低事故率、稳定交通流起到明显作用。

完善交通事故快速处理系统。道路交通事故属偶发事件，偶发时间具有随机性，很难准确预测，当快速路突发交通事故时，如果缺乏完善的事故处理和紧急救援系统支持，路网流量自动调节能力弱，容易造成大面积交通拥堵。而且，如果信息的提供手段不完善，驾驶员不知道拥挤和事故信息，盲目涌向拥挤路段，还将加剧交通拥堵。

因此，宜在城市道路交通紧急救援系统的大框架下，对于日常以及特殊时期的道路紧急事件或交通事故，能与 110 、122 社会联动系统、消防指挥中心等公安内部系统进行联动控制，达到快速响应的目的。同时进行信息发布，引导出行者和在途车辆避开事发路段，合理选择其他道路，并协助公安办案人员调查、取证、处理，快速疏散人群等。

完善快速路公共交通优先系统。公共交通优先系统通过控制优先信号和设定优先专用道，保障公共车辆使用道路的优先权，提高运营效率，从而使公共汽车乘客更加方便，促使人们从使用私人汽车到使用大型公共运输工具的转变。

公共汽车在光信标下通过时，光信标接收到公共汽车上的车载装置发出的专用 ID 信号，并将其传送至交通管制中心，交通管制中心通过专用 ID 来判断行车地点和目的地等，公共汽车如果不在前方的信号机前停车，或以最短停车时间来行驶的话，信号机将对其实行控制，并且有可能对在公交专用道上违章驾驶的车辆予以警告。

完善互联网 + 智慧交通应用。转换交通管理理念，从管理者角度转变为出行服务者角度，增加路面信息交互设施，提高交通信息交互能力。依托于互联网 + 智慧交通的应用模式，借助移动互联网、云计算、大数据、物联网等先进技术和理念，横向打通交通态势监控可视化与路网综合分析能力，实现城市智能流动和动态服务。即通过汽车自带摄像系统、射频识别 (RFID)、红外感应器、全球定位系统、激光扫描器等信息传感设备的组合选择，按约定的协议，把任何车、物、人与互联网连接起来，进行信息交换和通信，以实现智能化识别、指挥、定位、跟踪、监控、取证、服务和管理。为交通出行者提供可视化出行的服务，提升城市交通管理智能化水平，优化居民出行体验，共同打造智慧交通产业发展生态圈。

参考文献

[1]北京市交通委员会 . 北京市“十三五”时期交通发展建设规划［ R ］. 北京：2016.

[2]上海市人民政府 . 上海市综合交通“十三五”规划［ R ］. 上海：2016.

[3]山东省交通规划设计院 . 济南市高快一体公路网规划（ 2013—2030 年)［ R ］. 山东：2013.

[4]吴瑞麟 , 沈建武 . 城市道路设计 [M]. 北京 : 人民交通出版社 ,2012.

[5]中华人民共和国住房和城乡建设部 .CJJ 129—2009　城市快速路设计规程［ M］. 北京：中国建筑工业出版社，2009.

[6]中华人民共和国住房和城乡建设部 .CJJ 37—2012　城市道路工程设计规范［ S ］. 北京：中国建筑工业出版社，2016.

[7]中华人民共和国建设部 . GB 50220—95　城市道路交通规划设计规范［ S ］. 北京：中国计划出版社，2011.

[8]南宁市人民政府 . 南宁市城市总体规划（ 2011—2020)［ R ］. 南宁：2011.

[9]南宁市规划管理局 . 南宁市综合交通规划（ 2007—2020)［ R ］. 南宁：2010.

[10]广西华蓝设计(集团) 有限公司 . 南宁市城市快速路系统规划(2009—2020)［ R］. 南宁：2012.

[11]周彤梅 , 谢舒 , 李彬 . 解决城市快速路交通问题的方法研究［ J ］. 中国人民公安大学学报 : 自然科学版 , 2006, 12(1):87-89.

[12]李瑞敏 . 城市道路交通管理［ M ］. 北京：人民交通出版社，2009.